Quell

Dr. phil. Reinhard Abeln, geb. 1938 in Osnabrück.
Verheiratet, zwei Kinder. Nach der Lehramtsprüfung Studium der Philosophie, Psychologie, Pädagogik und Anthropologie.
Seit 1970 Journalist in der Kirchenpresse und Referent in der Erwachsenenbildung. Bekannt durch zahlreiche Veröffentlichungen über Familien-, Ehe-, Erziehungs- und Lebensfragen.

Auf den Spuren der Engel

Herausgegeben von Reinhard Abeln

Quell

Originalausgabe

Die Deutsche Bibliothek – CIP-Einheitsaufnahme

Auf den Spuren der Engel / hrsg. von
Reinhard Abeln. – 2. Aufl. – Gütersloh : Quell, 2001
ISBN 3-579-03366-2

ISBN 3-579-03366-2
2. Auflage, 2001

Umschlaggestaltung: KonturDesign, Bielefeld
Satz: Fotosetzerei Steggemann, Herford
Druck und Bindung: Těšínská Tiskárna AG,Český Těšín
Gedruckt auf chlorfrei gebleichtem Werkdruckpapier
Printed in Czech Republic

Besuchen Sie uns im Internet: http://www.quellverlag.de

Inhalt

Engel als
»Akrobaten zwischen Himmel und Erde«
sind Urbilder der Menschen.

Reinhard Abeln

Ein Wort zuvor

In der Geschichte fast aller Völker ist von »Engeln« die Rede. Der Glaube an die Existenz dieser »überirdischen Wesen« gehört zum Kulturgut der Menschheit. Das ist bis zum heutigen Tage so geblieben. In Büchern und auf Bildern, in der Werbung und in der Musik – überall erscheinen Engel, mit denen Menschen Vorstellungen wie Liebe und Hoffnung, Schutz und Geborgenheit, Schönheit und Glück verbinden.
An vielen Stellen der Heiligen Schrift wird von der Existenz der Engel gesprochen. Moses erzählt, wie ein Engel die Israeliten durch die Wüste führt. »Ich werde einen Engel schicken«, spricht Gott zu ihm, »der dir vorausgeht. Er soll dich auf dem Weg schützen und dich an den Ort bringen, den ich bestimmt habe. Achte auf ihn und hör auf seine Stimme! Widersetz dich ihm nicht! Er würde es nicht ertragen, wenn ihr euch auflehnt; denn in ihm ist mein Name gegenwärtig. Wenn du auf seine Stimme hörst und alles tust, was ich sage, dann werde ich der Feind deiner Feinde sein und alle in die Enge treiben, die dich bedrängen« (Ex 23,20–22).
König David besingt in seinen Psalmen die Engel mit den Worten: »Seinen Engeln hat Gott befohlen, dich zu behüten auf allen deinen Wegen. Auf den Händen

werden sie dich tragen, daß dein Fuß nicht an einem Stein sich stoße ...«

Jesus spricht im Gespräch mit den Jüngern von den Engeln: »Hütet euch davor, einen von diesen Kleinen zu verachten! Denn ich sage euch: Ihre Engel im Himmel sehen stets das Angesicht meines himmlischen Vaters« (Mt 18,10). Und der Apostel Paulus beschreibt sie im Hebräerbrief als »dienende Geister, ausgesandt, um denen zu helfen, die das Heil erben sollen« (Hebr 1,14).

Das Wort »Engel« (lateinisch »angelus«, griechisch »angelos«, hebräisch »mal'àk«) – und zugehörige Wörter wie Cherubim, Serafim, himmlische Heerscharen ... – kommt in der Bibel 200mal vor. Das ist dreimal so oft wie zum Beispiel das Wort »Apostel«. Offenbar spielen also die Engel in der Bibel eine sehr große Rolle. Aber auch in nichtchristlichen Religionen, in Sekten und anderen Geistesströmungen haben Engel eine besondere Bedeutung.

Die Kirchenväter Basilius, Hilarius, Hieronymus und Augustinus haben sich eingehend mit den Engeln beschäftigt, ebenso viele Heilige und Gelehrte wie Bernhard von Clairvaux, Thomas von Aquin und Franz Xaver. Auch große Dichter und Schriftsteller, darunter Dante Alighieri (1265–1321) und Rainer Maria Rilke (1875–1926), haben sich viele Gedanken über die Engel gemacht, und bis heute sind Engel Gegenstand von Literatur und Kunst sowie Film und Werbung.

Was sind Engel? Welche Aufgabe kommt ihnen zu? Was sagt die Heilige Schrift – das Alte und das Neue Testament – von den Engeln? Welche Bedeutung haben Engel für das menschliche Leben? Auf diese und andere Fragen versucht dieses Buch mit Gedanken und Geschichten, Gedichten und Versen, Liedern und Gebeten zu antworten. Die Beschäftigung mit dem

Thema »Engel« soll uns sensibler machen für *den* Gott, der uns durch seine Engel näherkommen will.

Beiträge, die mit einem Sternchen (*) gekennzeichnet sind, eignen sich auch zum Vorlesen für Kinder.

Reinhard Abeln

Ich sagte zu dem Engel

Ich sagte zu dem Engel,
der an der Pforte des neuen Jahres stand:
Gib mir ein Licht,
damit ich sicheren Fußes der Ungewißheit
entgegengehen kann!
Aber er antwortete:
Gehe nur hin in die Dunkelheit
und lege deine Hand in die Hand Gottes!
Das ist besser als ein Licht
und sicherer als ein bekannter Weg!

Worte eines chinesischen Christen

Engel – was sind das?

Der erste Gedanke Gottes
war ein Engel.
Das erste Wort Gottes
war ein Mensch.

Khalil Gibran

Engel

Engel?
Gesehen nie.
Gehört einiges.
Manchmal –
öfter schon
wenn's mich gerade
so im letzten Moment
zurückhält von was
das schlimm verkehrt wär
dann frag ich mich doch:
Ob das ein Engel war?
Oder was sonst?
Was denn?
Etwas war's.

Hilde Roth

Haben Engel Flügel?

Welche Vorstellungen haben Sie, liebe Leserinnen und Leser, wenn Sie das Wort »Engel« hören? Einige werden an die Putten und Kindsköpfe denken, wie sie die Zeit des Barocks (von ca. 1600 bis 1750) an alle Altäre, Kanzeln und Ornamente hingezaubert hat. Andere werden sich die Engel als junge Mädchen mit Flügeln vorstellen. So hat die Kunst der letzten Jahrhunderte die Engel oft sehr kitschig gemalt.

»Der Barock«, schreibt Gisela Linder in dem Band *Ein Himmel voller Geigen* (Friedrichshafen 1990), »wollte den Himmel herunterholen auf die Erde und zugleich durch ein irdisches Schönheits-Ideal Überirdisches sichtbar machen, begreifbar. Fortgesetzt hat das als

noch verspieltere Variante – mitunter auch in Süddeutschland – das Rokoko, dessen Ursprungsland Frankreich war. Fröhliche Frömmigkeit bestimmte das Zeitalter des Barock. Und wer könnte diese unbekümmerter verkörpern als jener Kinderengel, den wir Putto nennen.«
Die Darstellungen der Engel als Putten (kleine, meist nackte Knaben) oder als hübsche Teenager entsprechen nicht den Aussagen, wie sie die Heilige Schrift von den Engeln macht. Wenn die Engel in der Bibel irgendwo erscheinen, dann heißt es immer zunächst, daß sich die Menschen fürchteten. Es hat also mit den Engeln eine ganz besondere Bewandtnis. Sie sind alles andere als das, was viele Künstler, besonders in den letzten drei Jahrhunderten, für gewöhnlich in ihren Bildern über sie ausgesagt haben.
Wie spricht nun die Heilige Schrift von den Engeln? Sie werden in der Bibel genannt: Kräfte, Mächte, Herrschaften, Fürstentümer, Throne, Cherubim, Seraphim. Das alles klingt nach Macht und Männlichkeit, nach Stärke und Kraft, nach Größe und Erhabenheit. Auf jeden Fall hat es nichts mit dem zu tun, was die meisten Menschen sich unter einem Engel vorstellen.
In früheren Prozessionen schritten oft weißgekleidete Mädchen einher, denen man sogar manchmal Flügel angeklebt hatte. Vielleicht ist das heute noch so. Bei zahlreichen Theateraufführungen waren (und sind) die auftretenden Engel in der Regel weibliche Gestalten, wenig kraftvoll, häufig zu sentimental, viel zu ruhig.
Das alles entspricht nicht dem, was die Schrift von jenen Wesen aussagt, die vor dem Throne Gottes stehen, die dort ihren »Hofdienst« verrichten, die als Boten Gottes in die Welt hineingeschickt werden, die dazu angetan sind, zunächst einmal Furcht einzuflößen.
»Nach der biblischen Schilderung«, schreibt Walter Nigg *(Bleibt, ihr Engel, bleibt bei mir …,* Berlin 1981), »sind En-

gel beinahe furchterregende Gestalten. Offenbar haben die Engel den Menschen zunächst erschreckt. Der Engel ist ein glutvolles Wesen und in seinem Lichtglanz zugleich eine majestätische Erscheinung. Eine hoheitsvolle Würde ist ihm nach der biblischen Rede eigen.«
Eine Korrektur der Auffassung von Engeln wäre sicher sehr am Platze. Unsere Künstler sollten sie uns nahebringen als das, was sie nach der Bibel wirklich sind, nämlich Fürsten des Himmels und der Erde, ausgestattet mit Macht und Kraft, ausgerüstet zum Kampf gegen die Dämonen und alles Böse, mächtige Beschützer der Menschen – nicht aber süßlich-liebreizende, weißgoldende oder weibische Wesen!

Wenn Kinder fragen:

Was ist ein Engel?*

Engel sind keine Geister, die um den lieben Gott herumfliegen. Engel sind Boten Gottes, die den Menschen etwas auszurichten haben. Die Bibel erzählt von ihnen. So erschien ein Engel dem heiligen Josef im Traum. Er sagte ihm, er solle mit seiner Familie fliehen, weil die Soldaten des Königs Herodes den kleinen Jesus töten wollten. Josef tat, was ihm der Engel gesagt hatte, und so hat der kleine Jesus überlebt. Als die trauernden Frauen zum Grab Jesu gingen, um Jesus zu salben, saß dort ein Engel in einem glänzenden, weißen Gewand und sagte ihnen: »Ihr sucht Jesus von Nazaret, den sie gekreuzigt haben. Er ist nicht hier. Er ist auferstanden.«
Es gibt auch Menschen, die wir »Engel« nennen. Sie haben ein Herz für andere Menschen. Sie trösten diejenigen, die traurig sind. Sie besuchen Kranke und Einsame ... Warst du auch schon ein solcher Engel?

Wie sehen Engel aus?*

In der Schule und im Kindergarten, überall haben sie Engel gebastelt. Und Mutti hat noch einen Holzengel, den sie auf den Adventsbaum stellen will. Aber jeder Engel sieht anders aus. Caroline hat einen wunderschönen Engel aus Goldfolie gebastelt. David hat einen geknetet, und Rüdigers Engel ist aus schwarzem Karton ausgeschnitten. Er hat nur die Umrisse stehenlassen und buntes Transparentpapier dahinter geklebt. Mutti hat ihn an die Fensterscheibe gehängt. Er sieht wirklich sehr schön aus.
»Dein Engel hat ja noch nicht einmal Flügel!« lacht Caroline und betrachtet kritisch den Engel, den David geknetet hat. David reißt ihn ihr aus der Hand.
»Engel brauchen keine Flügel!« schreit er. »Die fliegen auch so!«
Da lachen die beiden Großen den Kleinen laut aus. Nur Mutti lacht nicht. Sie ist sogar ein bißchen ärgerlich.
»Macht euch nur lustig!« sagt sie. »Ihr habt ja alle schon einmal Engel gesehen und wißt genau, wie sie aussehen!«
Caroline und Rüdiger hören auf zu lachen. Nein, einen Engel hat keiner gesehen. Da hat Mutti schon recht.
»Wenn sie so lieb und lustig aussehen würden wie deiner«, meint Mutti, »dann hätten sich die Hirten damals bestimmt nicht so sehr vor ihnen gefürchtet!«
»Vor deinem aber auch nicht!« meint Rüdiger und betrachtet sich Muttis Holzengel näher.
»Aber Flügel hat er ja auch. Und auf allen Bildern, die ich kenne, haben Engel Flügel!«
»Was meinst du?« fragt Mutti. »Fotos oder Bilder?«
»Bilder natürlich!« lacht Rüdiger. »Engel kann man doch nicht knipsen!«
»Aber die Maler wußten genau, daß sie Flügel haben?«
»Ach, Mutti!« sagt Caroline. »Die Maler haben sie sich so

vorgestellt. Und weil sie vom Himmel zu den Menschen kamen, brauchten sie eben Flügel!«
»Sie konnten die Engel nicht so einfach kommen und verschwinden lassen wie im Raumschiff Enterprise!« Rüdiger spürt selbst, daß das ein schlechter Witz war.
Doch Mutti antwortet ganz ernst darauf: »Es ist nicht dümmer als das mit den Flügeln!« sagt sie. »Nur daran dachten die Maler damals noch nicht. Jedenfalls hat keiner von ihnen wirklich einen Engel gesehen!«
»Aber es gibt doch Engel?« fragt David jetzt und blickt Mutti ganz ängstlich an.
»Wenn Gott eine Botschaft für die Menschen hat, dann schickt er Engel zu ihnen«, sagt Mutti. »Engel sind die Boten Gottes!«
»Und dann fragst du mich nach Fotos von Engeln?« Rüdiger schüttelt den Kopf.
»Man weiß nie, ob man vielleicht nicht doch einem Engel begegnet ist!« antwortet Mutti leise. »Gott kann doch auch Engel zu uns schicken, die so wie alle anderen Menschen aussehen! Vielleicht begreifen wir erst viel später, daß es wirklich seine Boten waren, die Gott zu uns auf die Welt geschickt hat!«
»Hast du Fotos von ihnen?« fragt David und sieht seine Mutter ganz ernst an. Da holt sie ein Buch mit Bildern und schlägt ein paar Seiten auf.
»Das könnte einer gewesen sein!« sagt sie. »Albert Schweitzer. Er ging zu den Schwarzen nach Afrika. Sein ganzes Leben lang hat er alles für sie getan, was er nur konnte.«
Rüdiger schaut auf ein anderes Foto, das Mutti aufgeschlagen hat. »Das ist doch die Mutter Teresa!« sagt er. »Sie hilft den Armen in Indien!«
»Manche nennen sie den Engel der Armen!« erinnert sich Caroline. »Aber das sagt man doch nur so. Genau wie Vati zu dir manchmal ›mein Engel‹ sagt!«

»Das sagen viele von ihr!« sagt Mutti. »Nicht nur einer!« Sie seufzt. »Aber solange wir alle nicht wissen, wie Engel nun wirklich aussehen, müssen wir uns mit denen behelfen, die wir hier haben!«
Ganz behutsam nimmt sie den kleinen Kneteengel von David in ihre Hand.
»Gefällt er dir?« fragt David. »Ich habe ihn extra für dich gemacht!«
»Sehr gut!« lacht Mutti. »Deshalb stelle ich ihn auch neben meinen Holzengel! Dann stehen zwei wunderschöne Engel nebeneinander.«
»Und meiner?« fragt Caroline.
»Den stellen wir hinten auf die Eckbank. Dann können wir ihn beim Essen immer wieder ansehen und uns über ihn freuen!«

Rolf Krenzer

Welche Farbe haben eigentlich die Engel?*

Nanu saß in der Werkstatt seines Vaters und beäugte skeptisch die großen Stämme des Ivorybaumes, deren schwarzer Kern soviel Wertvolles enthielt. Noch immer ist das pechschwarze Holz im Inneren der Stämme so begehrt wie die Zähne der Elefanten. Nur die sind wenigstens weiß. Ganz wagemutige und schonungslose Jäger handeln trotz Verbot auch immer noch damit. So war Nanu nicht, und auch nicht sein Vater. Sie hatten sich auf das mühevolle Schnitzen aus Ebenholz spezialisiert, vor allem auf das Herstellen von Krippenfiguren.

»Komm, Junge, träum nicht. Ich brauche deine Hilfe«, mahnte der Vater. »Die Figuren müssen fertig werden, sonst ist die Weihnachtszeit erst einmal wieder vorbei!«
Seufzend erhob sich Nanu, um seinem Vater zur Hand zu gehen. Doch er arbeitete so unkonzentriert, daß er sich bald heftig in den Finger schnitt.
»So geht das nicht«, brummte der Vater. »Laß uns hinsetzen und reden. Irgend etwas bedrückt dich doch.« Nanu, dankbar für die Pause, druckste eine Weile herum und rief plötzlich sehr heftig aus: »Welche Farbe haben die Engel, Vater?« – »Ich weiß es nicht«, antwortete dieser. »Das ist auch egal, Engel sind Engel, die brauchen keine Farbe.« – »Aber die Engel auf den Bildern sind alle weiß!« entgegnete Nanu ungehalten. – »Immer sind sie weiß, so wie die Missionare und die Schwestern, die uns von ihnen erzählen. Warum sind sie nie schwarz, wie du und ich?« – »Weil Engel Engel sind und es egal ist, welche Farbe sie haben.« Der Vater wurde langsam ungeduldig. »Laß uns weiterarbeiten, die Zeit ist knapp. Was gehen uns die Engel an?« Eine ganze Menge, dachte Nanu, während er sich dem Vater fügte und Figuren schnitzte. Ein Engel wollte ihm nicht von der Hand gehen.
In dieser Nacht hatte er einen Traum. Das heißt, in Wirklichkeit war es kein Traum, und Nanu erlebte alles hellwach.
Er erwachte von einem eigenartigen Flattern und Sausen. Eine helle Gestalt stand vor seiner Schlafmatte und blickte lächelnd auf ihn herab.
»Wach auf, Nanu, ich will deine Frage beantworten.« Nanu rieb sich die Augen und blickte auf die strahlende Gestalt. Sie war umgeben von hellem Leuchten und sprach zu ihm: »Quäl dich nicht länger, dein Vater hat recht. Wir Engel haben keine Farbe und sind auch nicht nur für die Weißen da. Wir haben alle Farben. Jeder kann uns so sehen, wie er will. Schnitz du nur deine Engel wie du willst.«

»Aber die richtigen Engel sind alle weiß und haben blonde Locken«, wandte Nanu ein. »Das«, lachte die Gestalt, »glaubst nur du.« Und sie beugte sich dicht zu ihm herunter. Obwohl das Leuchten des Gewandes ihn blendete, erkannte Nanu ganz deutlich: Das Gesicht der Gestalt war schwarz. Sie setzte sich ihm gegenüber und begann zu erzählen von dem Kind, das geboren war, das der König aller Menschen war, von dem Stern über Bethlehem und von den Königen, die kamen, das Kind zu beschenken.
Sie erzählte, daß einer der Könige schwarz war und man von den anderen nur wisse, daß sie aus dem Orient kamen, wo es alle Farben gibt: von blaß über gelb bis hin zu dunkelbraun.
Während die Gestalt berichtete, schien es Nanu, als ob ihr Gesicht ständig die Farbe wechselte. Mal hell, mal dunkel, mal sogar schillernd in bunten Farben – ob männlich oder weiblich, er konnte es nicht sagen. Sie sprach mit ihm in vielen Sprachen, und er verstand sie alle, und plötzlich verstand er auch die Botschaft: Gott, die Engel, die Heilige Familie hatten alle Farben, konnten in jeder Sprache reden, ganz gleich wo sie waren und zu wem sie sprachen.
Am nächsten Morgen saß er vergnügt in der Werkstatt und schnitzte seinen ersten Engel aus Ebenholz. Als sein Vater ihn überrascht fragte, woher denn die gute Laune käme, antwortete Nanu nur geheimnisvoll: »Ich weiß jetzt, welche Farbe die Engel haben. Heute sind sie jedenfalls schwarz.«

Anna Sindermann

Was sagt der Katechismus?

Die Existenz der Engel – eine Glaubenswahrheit
Daß es geistige, körperlose Wesen gibt, die von der Heiligen Schrift für gewöhnlich »Engel« genannt werden, ist eine Glaubenswahrheit. Das bezeugt die Schrift ebenso klar wie die Einmütigkeit der Überlieferung.

Wer sind sie?
Der hl. Augustinus sagt: »›Engel‹ bezeichnet das Amt, nicht die Natur. Fragst du nach seiner Natur, so ist er ein Geist; fragst du nach dem Amt, so ist er ein Engel: seinem Wesen nach ist er ein Geist, seinem Handeln nach ein Engel« (Ps 103,1,15). Ihrem ganzen Sein nach sind die Engel *Diener* und Boten Gottes. Weil sie »beständig das Antlitz meines Vaters sehen, der im Himmel ist« (Mt 18,10), sind sie »Vollstrecker seiner Befehle, seinen Worten gehorsam« (Ps 103,20).

Als rein *geistige* Geschöpfe haben sie Verstand und Willen; sie sind personale und unsterbliche Wesen. Sie überragen alle sichtbaren Geschöpfe an Vollkommenheit. Der Glanz ihrer Herrlichkeit zeugt davon.

Christus »mit all seinen Engeln«
Christus ist das Zentrum der Engelwelt. Es sind seine Engel: »Wenn der Menschensohn in seiner Herrlichkeit kommt und alle Engel mit ihm …« (Mt 25,31). Sie sind sein, weil sie *durch ihn* und *auf ihn* hin erschaffen sind: »Denn in ihm wurde alles erschaffen im Himmel und auf Erden, das Sichtbare und das Unsichtbare, Throne und Herrschaften, Mächte und Gewalten; alles ist durch ihn und auf ihn hin geschaffen« (Kol 1, 16). Sie sind erst recht deshalb sein, weil er sie zu Boten seines Heilsplanes gemacht hat: »Sind sie nicht alle nur dienende Geister, aus-

gesandt, um denen zu helfen, die das Heil erben sollen?« (Hebr 1,14).

Sie sind da, seit der Welterschaffung und im Laufe der ganzen Heilsgeschichte; sie künden von ferne oder von nahe das Heil an und dienen dem göttlichen Plan, es zu verwirklichen. Sie schließen das irdische Paradies ab, beschützen Lot, retten Hagar und ihr Kind, gebieten der Hand Abrahams Einhalt, teilen dem Volk das Gesetz mit, führen das Gottesvolk, kündigen Geburten und Berufungen an, stehen den Propheten bei, um nur einige Beispiele zu nennen. Schließlich erscheint der Engel Gabriel, um die Geburt des Vorläufers und die Geburt Jesu selbst anzukündigen.

(...)

Von der Kindheit an bis zum Tod umgeben die Engel mit ihrer Hut und Fürbitte das Leben des Menschen. »Einem jeden der Gläubigen steht ein Engel als Beschützer und Hirte zur Seite, um ihn zum Leben zu führen« (Basilius, Eun. 3, 1). Schon auf dieser Erde hat das christliche Leben im Glauben an der glückseligen Gemeinschaft der in Gott vereinten Engel und Menschen teil.

Aus dem Katechismus der katholischen Kirche, Nr. 328–332; 336.

Michael – der »Engelsfürst«

Michael steht bei vielen Menschen in hohem Ansehen. In der religiösen Überlieferung hat er viele Namen: »Engelsfürst«, »Engel der Gerechtigkeit«, »Hüter des Paradieses«, »Beschützer des Gottesvolkes« oder »Fürst der Seelen«.

Auch als »Vertrauter Gottes« wird er bezeichnet, also als der Engel, der die Weisungen Gottes an die Menschen weitergibt.
Michael ist der Erzengel, der den Kampf gegen die sich empörenden Engel angeführt hat, wie uns die »Geheime Offenbarung« des Johannes schildert (Offb 12,7–12a). Wie Michael den Drachen und die bösen Engel, die wie Gott sein wollten, besiegt und aus dem Licht Gottes in die Finsternis gestürzt hat, erzählt Johannes mit folgenden Worten:
»Da entstand ein Kampf im Himmel; Michael und seine Engel erhoben sich, um mit dem Drachen zu kämpfen. Der Drache und seine Engel kämpften, aber sie konnten nicht standhalten, und es gab keinen Ort mehr für sie im Himmel. Und gestürzt wurde der große Drache, die alte Schlange, die Teufel und Satan heißt und die den ganzen Erdkreis verführt; der Drache wurde auf die Erde gestürzt, und mit ihm wurden seine Engel hinabgeworfen.« (Offb 12,7–9)
Von diesem Kampf des Erzengels mit den bösen Engeln hat Michael seinen Namen erhalten: »Wer ist wie Gott?« Michael, der Führer der himmlischen Heerschar, gilt auch als Geleiter der Toten zu Gott. Sein Festtag (29. September) galt früher als Gerichtstag.
Im Jahr 1621 hat Friedrich Spee (1591–1635), Jesuit und bekannter Dichter, über Sankt Michael einen Text für ein Kirchenlied (Gotteslob 606) geschrieben:

Unüberwindlich starker Held,
komm uns zu Hilf, zieh mit zu Feld!

Die Kirch' dir anbefohlen ist;
du unser Schutz- und Schirmherr bist.

Du bist der himmlisch Bannerherr;
die Engel sind dein Königsheer.

Den Drachen du ergriffen hast
und unter deinen Fuß gefaßt.

Beschütz mit deinem Schild und Schwert
die Kirch', den Hirten und die Herd!

Die Verehrung des Erzengels Michael in der Kirche ist sehr alt. In Rom wurde schon im 5. Jahrhundert ein Fest gefeiert; es gab in Italien damals schon viele Michaeliskirchen. Die berühmte Abtei Mont-Saint-Michel an der Atlantikküste in der Normandie – im Mittelalter einer der berühmtesten Michaels-Wallfahrtsorte – entstand 709 unter Bischof Autbert, der in einer Vision Michael auf einem Felsen im Atlantik gesehen hatte. Die kleine Michaelskirche in Fulda nahe beim Dom ist eine der ältesten Kirchen Deutschlands.

Es gibt nur wenige Kirchengestalten mit so vielen Patronaten wie den Erzengel Michael. Michael ist Patron der Kirche, der armen Seelen und der nach ihm benannten Orden. Er ist der Schutzherr der Apotheker und Kaufleute und vieler anderer Berufe, wie Bäcker, Bankangestellte, Drechsler, Glaser, Maler, Schneider, Vergolder, Blei- und Zinngießer sowie der Soldaten. Er ist der Pestengel des Mittelalters, als welchen ihn so eindrucksvolle Darstellungen wie das Fresko in S. Pietro in Vincoli in Rom zeigen.

Nach Michael heißen zahlreiche Messen und Märkte, die gegen Ende September stattfinden. Berühmt ist hier vor allem der Dürkheimer Michaelismarkt, im Volksmund »Wurstmarkt« genannt. In den Alpenländern findet gerne am Michaelstag der Alpabtrieb statt. In manchen Gegenden hat sich der Brauch erhalten, die letzte Milch, die auf der Alm gemolken wird, den Alten im Dorf zu schenken – als Zeichen, daß auch sie zur Dorfgemeinschaft gehören.

Freundschaft und Teilen ist auch das Motiv des »Michaelskuchens« oder »Michaelsweckens«: Wer von dem großen Kuchen, einem Hefegebäck, ein Stück bekommt, weiß sich der Freundschaft des Schenkenden gewiß. Gemeinsam gegessen ist der Kuchen bzw. Wecken ein äußeres Zeichen dafür, daß man sich gern hat und daß man auch in Zukunft gut miteinander auskommen will.
Nach Michael nennen sich zahlreiche religiöse Gemeinschaften und Bruderschaften. Abgebildet wird der Erzengel meist in Ritterrüstung mit Helm, Schwert, Lanze und Schild; die bekannteste Darstellung ist, wie er den Drachen durchbohrt. Oft hat Michael auf Abbildungen auch eine Seelenwaage bei sich.
In einem Gebet der Kirche heißt es von Michael, diesem gewaltigen Engel: »Heiliger Erzengel Michael, du Fürst der himmlischen Heerscharen und Beschützer der Kirche, der du den stolzen Luzifer mit seinem Anhange in den Abgrund gestürzt hast, erhebe dich gegen die Wut des höllischen Drachen und verteidige das Reich Gottes auf Erden, auf daß die Pforten der Hölle es nicht überwältigen!«
Aus diesem Gebet weht uns die Kraft, die Macht und die Gottesnähe dieses großen Engels entgegen!

Hymne zum Michaelsfest

Dem Lenker der himmlischen Scharen,
dem Engel im neunfachen Chor
bereite in christlicher Demut
die fromme Gemeinde das Fest.

Das Leben des jüdischen Volkes
war anvertraut Michaels Schutz,
dem Führer auf all seinen Wegen –
so sagt der Propheten Bericht.

Jetzt lenkt er als oberster Priester
die heilige Handlung der Kirche,
die sicheren Schrittes durchwandert
die Fluten der schwankenden Zeit.
Er wehret dem Ansturm des Feindes
im steten Gebete zu Gott.

Im Kampf wird am Ende der Zeiten
er treffen das Haupt alles Bösen,
der Führer im künftigen Streite,
Michael, »wer ist wie Gott?«.

Die Macht des verderbenden Drachen
besiegt er am Ende und spendet
der Erde den ewigen Frieden.

Michael, heiliger Engel,
so steh uns im Leben zur Seite
und führe auf sicherem Wege
die Seele zum Heile empor!

Vereint mit dem Chor aller Engel
im neunfachen Reigen vertreibe
die glühenden Pfeile der Sünde –

daß künftig in Höhen wir finden
zum Kreise der seligen Geister,
der ewig in lauterer Liebe
die göttliche Schöpfermacht preist.

Anonym (10. Jahrhundert)

Verteidige uns im Kampfe

Heiliger Erzengel Michael, verteidige uns im Kampfe; gegen die Bosheit und die Nachstellung des Teufels sei unser Schutz. Gott gebiete ihm, so bitten wir flehentlich; du aber, Fürst der himmlischen Heerscharen, stoße den Satan und die anderen bösen Geister, die in der Welt umhergehen, um die Seelen zu verderben, durch die Kraft Gottes in die Hölle.

Altes Kirchengebet

Der Engel am Tor des Paradieses*

Als Gott die Menschen erschaffen hatte, gab er ihnen den Garten Eden zum Wohnen, den wir auch »das Paradies« nennen. Die Menschen im Paradiese hießen Adam und Eva. Adam rief alle Tiere des Paradieses herbei und gab jedem Tier seinen Namen. Die Tiere fürchteten sich nicht vor den Menschen. Sie ließen sich von ihnen streicheln und füttern, und auf den Pferden und Elefanten durften sie reiten. Im Paradies wuchsen bunte Blumen und süße Früchte. Adam und Eva durften so viele Früchte essen, wie sie wollten, und sie schmeckten ihnen sehr gut. Nur von den Früchten des Baumes in der Mitte des Paradieses sollten sie nicht essen. So hatte Gott es ihnen geboten.
Gott war immer bei Adam und Eva. Darüber waren Adam und Eva sehr glücklich, glücklicher als über die Tiere, die Blumen, die süßen Früchte und das schöne weite Land.
Der Teufel aber gönnte den Menschen ihr Glück nicht. Also kam er, anzusehen wie eine Schlange, zu Eva und sprach: »Warum pflückst du keine Früchte von diesem schönen Baum da?« Eva sprach: »Gott ist der Herr! Er

hat es verboten.« Da sagte die Schlange: »Möchtet ihr nicht sein wie Gott? Nun, so eßt doch von diesem Baume, dann werdet ihr sein wie Gott!« Da nahm Eva eine Frucht von dem Baume und gab auch Adam zu essen. Und sogleich schämten sie sich, daß sie ungehorsam gegen Gott gewesen waren, und versteckten sich.

Gott aber rief Adam an und sprach: »Was habt ihr getan?« Adam fürchtete sich und sagte: »Meine Frau Eva gab mir von dem Baum zu essen.« Auch Eva fürchtete sich und sprach: »Die Schlange ist schuld. Sie hat mich verführt, so aß ich und gab auch meinem Manne zu essen.«

Da verfluchte Gott die Schlange, und er sprach zu Adam und Eva: »Weil ihr sein wolltet wie Gott, müßt ihr das Paradies verlassen. Das Land aber, in das ihr jetzt gehen müßt, wird Disteln und Dornen haben, und ihr werdet viele Not leiden.«

Adam und Eva gingen traurig von Gott fort. Gott stellte vor das Paradies einen Engel, der den Eingang des Paradieses bewachen mußte, und eine lodernde Flamme, die den Weg zum Paradiese versperrte. Wenn Adam und Eva sich nach dem verlorenen Paradiese umschauten, sahen sie den Engel und hatten Furcht vor ihm.

Nach Genesis 2,15–17; 3,1–21

Jakob sieht Engel auf- und niedersteigen*

Als Isaak erwachsen war, hatte er zwei Söhne; einer von ihnen hieß Jakob. Eines Tages sprach Isaak zu seinem Sohne Jakob: »Du bist nun alt genug zum Heiraten; gehe nach Haran, von wo wir einst hergekommen sind, und suche dir eine Frau!« Jakob tat, was sein Vater sagte. Er packte seine Wandersachen und ging durch die Wüste von Beerscheba. Die Wüste war steinig und sandig, und Jakob mußte über Berge und Hügel klettern. Oft hatte er Hunger und Durst zu leiden, und am Abend mußte er manchmal die wilden Tiere mit Steinen und Stöcken abwehren. Endlich kam er in eine schöne, fruchtbare Gegend. Dort wollte Jakob sich eine Weile ausruhen.

Er nahm einen runden Stein, legte sich ins Gras und bettete den Kopf auf den runden Stein. Dann schlief er ein.

Jakob hatte einen seltsamen Traum. Er sah etwas zwischen Himmel und Erde wie eine Treppe oder eine Leiter, und er sah Engel Gottes vom Himmel herunter- und wieder zum Himmel hinaufsteigen. Jakob, im Traum, schaute den Engeln nach, wohin sie stiegen: Sie stiegen in den Himmel, und oben im Himmel stand der Herr selbst.

Er sprach: »Ich bin der Herr. Ich bin der Gott deines Vaters Isaak und der Gott deines Großvaters Abraham. Das Land, auf dem du schläfst, will ich dir und deinen Nachkommen schenken.« Und weiter sprach Gott, wie er schon damals zu Abraham gesprochen hatte: »Du sollst so viele Nachkommen haben, wie Staubkörner auf der Erde liegen. Sie werden wohnen im Norden und Süden, im Osten und Westen. Ich bin überall mit dir und werde dich immer behüten.«

Da erwachte Jakob aus dem Schlaf und rieb sich die Augen. Die Engel waren nicht mehr zu sehen, aber er erinnerte sich an die Worte, die Gott zu ihm gesprochen hatte. Eilig sprang er auf und sprach zu sich selber: »Wahrhaftig, Gott selbst ist an diesem Ort, und ich wußte es nicht!« Und er bekam große Angst und sprach: »Wie schrecklich ist dieser Ort! Hier ist wahrhaftig das Haus Gottes! Hier ist der Eingang zum Himmel!«

Jakob nahm den Stein, den er unter seinen Kopf gelegt hatte, und stellte ihn auf als Denkmal, goß Öl darüber und sagte: »Wenn ich zurückkehre, will ich an dieser Stelle ein Gotteshaus bauen.« Er nannte den Ort Betel, das heißt: Gottes Haus. Dann ging er nach Haran und heiratete Rachel, die er sehr liebte.

So seltsame Wege werden die Menschen geführt! Jakob zum Beispiel. Auf dem Weg nach Haran, wo er eine Frau suchte, begegnete er Gott.

Nach Genesis 27,41–44; 28,10–22

Der Engel aus den guten Taten

Vom Ende der Welt

Am Ende der Welt, hinter allen Meeren und Flüssen, Bergen, Wäldern und Fluren erhebt sich ein hoher Berg. Kein sterbliches Auge kann ihn erblicken, weil seine Spitze den Himmel berührt.

Der Berg ist härter als das härteste Gestein, seine Hänge sind glatt und ohne Sprünge, sie sind glatt wie Glas. Nur an einer einzigen Stelle, an der Spitze, die den Himmel berührt, hat der Berg einen Sprung: Dort entspringt eine Quelle.

Am anderen Ende der Welt, den Augen der Menschen verborgen, wohnt das Herz der Welt. Auch die Welt hat ein Herz wie jedes Ding und jedes Lebewesen. Dort also schlägt das Herz der Welt und schaut auf die Quelle. Es sieht sie entspringen auf der Spitze des Berges und lechzt nach ihr, aber nähern darf es sich ihr nicht. Bliebe es nicht bewegungslos an seiner Stelle, könnte es die Quelle nicht mehr sehen, und es würde sterben vor Trauer, und mit ihm die ganze Welt.

Das Herz der Welt und die Quelle verbindet ein geheimnisvoller Zauber. Das Herz der Welt kann ohne den Anblick der Quelle nicht leben, und die Quelle würde versiegen ohne das Herz. Denn jeden Morgen bekommt die Quelle ein Geschenk – das Herz der Welt schenkt ihr den neuen Tag. An der Neige dieses Tages beginnt die Quelle zu singen, und das Herz der Welt fällt ein in den Gesang. Sie singen seltsame Weisen, Lieder ohne Melodie, einen Hymnus ohne Töne. Denn die Lieder der Quelle und des Herzens sind aus Lichtfäden gesponnen, die sieben Himmel durchdringen, um sich als leuchtendes Netz über die Erde zu breiten.

Tagtäglich webt der Dienstengel Gottes aus diesem Netz den nächsten Tag. Wenn der Tag fertig ist, überreicht ihn der Engel dem Herz der Welt, als Geschenk für die Quelle. So kann die Quelle einen weiteren Tag fließen.

Der Engel aber, der himmlische Weber des neuen Tages, muß jedesmal neu erschaffen werden. Sein Haupt, sein Körper, seine Flügel, seine Hände und Füße wachsen aus den guten Taten der Menschen. Ihre schlechten Taten jedoch vernichten ihn. Wenn die Menschen in Eintracht, Frieden und Gottesfurcht leben, wird der Engel täglich neu geboren, wenn aber Zwietracht, Mord und Betrug die Welt beherrschen, ist kein Platz mehr da für den Engel.

Ohne ihn, den himmlischen Weber, gäbe es keinen neuen Tag, und das Herz der Welt hätte nichts zu verschenken. Da würde die Quelle versiegen, das Herz der Welt würde zu schlagen aufhören, die Vögel, die Hirschkühe und die Menschen würden nicht mehr atmen, Blumen und Bäume würden verdorren, Städte und Dörfer verschwinden, und Berge und Täler zerfallen, als wären sie nie gewesen …

Leo Pavlát

Es müssen nicht Männer mit Flügeln sein

Es müssen nicht Männer mit Flügeln sein,
die Engel.
Sie gehen leise, sie müssen nicht schrein,
oft sind sie alt und häßlich und klein,
die Engel.

Sie haben kein Schwert, kein weißes Gewand,
die Engel.
Vielleicht ist einer, der gibt dir die Hand,
oder er wohnt neben dir, Wand an Wand,
der Engel.

Dem Hungernden hat er das Brot gebracht,
der Engel.
Dem Kranken hat er das Bett gemacht,
er hört, wenn du ihn rufst, in der Nacht,
der Engel.

Er steht im Weg und er sagt: Nein,
der Engel,
groß wie ein Pfahl und hart wie ein Stein –
es müssen nicht Männer mit Flügeln sein,
die Engel.

Rudolf Otto Wiemer

Zum Schmunzeln

Wie ein Engel
Der Herr Direktor ist sechzig Jahre alt geworden. Er lädt das Personal zu einer Geburtstagsfeier ein. Der Betriebsratsvorsitzende darf neben der Frau Direktor sitzen. Er schaut auf ihren blonden Lockenkopf und macht ihr ein Kompliment: »Sie sehen aus wie ein Engel, Frau Direktor – kein einziges graues Haar mehr!«

Wird Oma ein Engel?
Die Großmutter klagt dem Enkel, sie habe starke Schmerzen im Rücken. Der Kleine will wissen, wo.
Großmutter zeigt ihm die Stelle. Da meint der Junge: »Oma, vielleicht wirst du jetzt ein Engel, und die Flügel fangen bei dir an zu wachsen.«

»Mein süßes Engelchen!«
»Mein Mann nennt mich immer ›Mein süßes Engelchen‹, wenn er gut gelaunt ist«, erzählt Oma Wagner ihrer Freundin.
»Nun hör mal«, sagt diese entrüstet, »wo ihr beide doch schon über achtzig seid. Ist das nicht ein wenig übertrieben?«
»Na ja, er war ja auch vor vierzig Jahren das letzte Mal gut gelaunt.«

Engel, die Gott dienen

Wer sich nur einen Blick
kann über sich erschwingen,
der kann das Gloria
mit Gottes Engeln singen.

Angelus Silesius (1624–1677)

»Lobt, ihr Engel, den Herrn!«

»Lobt den Herrn, ihr seine Engel, ihr starken Helden, die seine Befehle vollstrecken, seinen Worten gehorsam!« So heißt ein kurzes Engelgebet im alttestamentlichen Buch der Psalmen (Ps 103,20).

Aber nicht nur in solch kurzen Sätzen, sondern mit vielfältigen – kurzen und langen – Geschichten erzählt die Bibel von Engeln am Throne Gottes, die dort die Herrlichkeit des Herrn lobpreisen. Davon berichtet zum Beispiel der Prophet Jesaja und der heilige Johannes, wenn er vom Weltgericht spricht, vom neuen Himmel und von der neuen Erde.

Im »Sanctus« der heiligen Messe stimmt die Kirche in das Dreimal-Heilig der Engel vor dem Throne Gottes ein:

Heilig, heilig, heilig
Gott, Herr aller Mächte und Gewalten.
Erfüllt sind Himmel und Erde
von deiner Herrlichkeit.
Hosanna in der Höhe.
Hochgelobt sei,
der da kommt im Namen des Herrn.
Hosanna in der Höhe!

Vom Lobpreis Gottes durch die Engel heißt es in der zweiten Strophe des Kirchenliedes »Großer Gott, wir loben dich« (von Ignaz Franz 1771):

Alles, was dich preisen kann,
Kerubim und Serafinen,
stimmen dir ein Loblied an;
alle Engel, die dir dienen,
rufen dir stets ohne Ruh:
›Heilig, heilig, heilig‹ zu!

Der heilige Benedikt von Nursia (um 480 – um 547), Gründer des Benediktinerordens, war fest davon überzeugt, daß die Mönche ihre Psalmen nicht allein singen, sondern dies im Angesicht der Engel tun. Anselm Grün schreibt dazu in seinem Buch *50 Engel für das Jahr:* »Engel stehen um sie herum und öffnen ihnen den Himmel über ihrem Gesang. Die Engel tragen ihr Gebet vor Gott. Sie geben ihnen die Hoffnung und das Vertrauen, daß ihr Gebet nicht umsonst ist.«
Das Musizieren und Jubilieren, der Lobpreis Gottes, das Tanzen und Singen sind wesentliche Merkmale der Engel. »Schon die Kirchenväter«, notiert Gisela Linder in dem bereits erwähnten Werk *Ein Himmel voller Geigen,* »bezeichnen die Sphärenmusik als das Tönen der himmlischen Heerscharen, und die Engelmusik hat nicht nur in der kirchlichen Kunst, sondern auch im kirchlichen Liedgut eine große Tradition.«

In diesem Sinne dichtete Martin Luther die Verse:

Wer sich die Musik erkiest,
hat ein himmlisch Gut gewonnen,
denn ihr erster Ursprung ist
von dem Himmel hergekommen,
weil die lieben Engelein
selber Musikanten sein.

Wenn einst in der letzten Zeit
alle Ding wie Rauch vergehen,
bleibet in der Ewigkeit
die Musik doch noch bestehen,
weil die lieben Engelein
selber Musikanten sein.

Auch der Koran, die heilige Schrift des Islam, spricht von Engeln, die Gott dienen und loben. Er widmet den körperlosen Geistwesen der Engel eine frappierende Definition: Ihre Speise ist »Ehre sei Allah«, ihr Trank »Allah ist heilig«.

Engel am Throne Gottes

Als der Prophet Jesaja einmal im Tempel betete, durfte er Gott auf seinem Throne schauen. Jesaja erzählt davon in der Bibel: Der Mantel Gottes reicht herunter bis in den Tempel, der Raum des Tempels ist vom Duft des Weihrauchs erfüllt. Um den Thron Gottes schweben die Engel, welche Serafim heißen. Sie haben sechs Flügel. Damit fliegen sie und bedecken ehrfürchtig Gesicht und Füße.
Der erste Engel ruft dem zweiten zu: Heilig, heilig, heilig ist der Herr der Heere! Von seiner Herrlichkeit ist die ganze Erde erfüllt! Der zweite ruft es dem dritten zu, und der dritte dem vierten, und zuletzt rufen alle, so laut, daß der Tempel erzittert und ich voll Angst die Hände vors Gesicht schlage und rufe: Weh mir, ich bin verloren! Meine Augen haben den Herrn der Heere gesehen!

Nach Jesaja 6,1–4

Engel dienen Jesus in der Wüste*

Als Jesus ungefähr dreißig Jahre alt war, ging er in die Wüste. Er betete und fastete vierzig Tage; da trat – so berichtet die Bibel – der Teufel an ihn heran, zeigte auf die Steine ringsumher und sprach: »Wenn du der Sohn Gottes bist, so befiehl diesen Steinen, daß sie Brot werden!« Jesus

aber antwortete: »Vom Brot allein lebt der Mensch nicht. Er lebt vielmehr auch von dem Wort, das aus dem Munde Gottes kommt!«
Da nahm ihn der Teufel mit in die Stadt Jerusalem, stellte Jesus auf die höchste Ecke der Tempelmauer und sprach: »Wenn du der Sohn Gottes bist, so spring hier herunter. Es steht in der Bibel geschrieben, die Engel sollen dich behüten, daß dein Fuß nicht an einen Stein stoße!«
Hätte Jesus getan, was der Teufel wollte, dann wären bestimmt die Leute in Jerusalem zusammengelaufen, und viele hätten an ihn geglaubt, weil er ein Wundermann wäre. Jesus aber ließ sich nicht verführen, sondern sprach: »Du sollst den Herrn, deinen Gott, nicht versuchen. So steht es ebenfalls in der Bibel geschrieben.«
Schließlich nahm ihn der Teufel mit auf einen hohen Berg, zeigte ihm alle Königreiche der Welt und sprach: »Das will ich dir alles geben, wenn du niederkniest und mich anbetest!« Da blickte Jesus den Teufel an und sprach: »Weg von mir, Satan! Gott, den Herrn, soll man anbeten, und nur ihm allein soll man dienen!« Da wagte der Teufel nicht mehr, Jesus anzuschauen; er ließ von ihm ab und entwich. Zu Jesus aber kamen Engel und dienten ihm.

Nach Matthäus 4,1–11

Der fünfte Engel

Der indische Jesuitenpater Anthony de Mello erzählt in einem seiner Bücher die alte Legende vom fünften Engel: Als Gott die Welt erschuf, gingen vier Engel auf ihn zu. Der erste stellte die Frage: »Wie machst du das?« Der zweite fragte: »Warum machst du das?« Der dritte: »Kann ich

dir dabei helfen?« Und der vierte schließlich: »Wieviel ist es wert?«
Diese Legende nahm der Münsteraner Bischof Reinhard Lettmann als Grundlage für eine Meditation. Er ging den Fragen der vier Engel nach. Die Frage des ersten Engels sei die Frage der Wissenschaftler und Techniker: »Beim Suchen nach der Antwort auf diese Frage haben die Menschen die Gesetze der Natur tiefer erkannt und sich nutzbar gemacht, von der Erfindung der Dampfmaschine bis zum Bau von Ultraschallflugzeugen, von den Geheimnissen der Biologie bis zu den elektronischen Rechnern.«
Die Frage des zweiten Engels (Warum machst du das?) sei die Frage der Philosophen und Theologen. Sie hätten schon immer nach dem Grund und Sinn des Daseins gesucht. Lettmann zitiert in diesem Zusammenhang den schlesischen Dichter Angelus Silesius: »Die Ros' blüht ohn' Warum. Sie blühet, weil sie blühet; sie acht' nicht ihrer selbst, fragt nicht, ob man sie siehet.« – Anders die Menschen (die Philosophen, die Theologen), die die Meinung verträten, nichts sei ohne Grund; nichts geschehe – grundlos!
Zur Frage des dritten Engels (Kann ich dir helfen?) meint Lettmann, der einzelne Mensch gebe seine Antwort, wenn er Gottes Schöpfung in Ehren halte; wenn er sich für ein harmonisches Zusammenleben der Menschen einsetze; wenn er sich engagiere für Gerechtigkeit und Frieden unter den Völkern …
Die Frage des vierten Engels traf ins Schwarze: Wieviel ist es wert? Was kostet es? – Grundstücksmakler und wirtschaftlich Orientierte würden so fragen, meint der Münsteraner Bischof. Im Grunde genommen, die Frage jedes Menschen, der im »Kampf ums Dasein« steht; der sich um Alltägliches müht!
Nun hatte aber die alte Legende noch einen Zusatz: Da

war noch ein fünfter Engel! Welche Frage stellte er? Antwort: Gar keine! Er schaute Gott zu; er bewunderte ihn; er klatschte in die Hände; er freute sich am Gottes-Werk.
Eine ganz wichtige Haltung auch für uns Menschen, meint Lettmann: sich an der Schönheit der Schöpfung freuen! »Bei aller Wichtigkeit der Fragen der vier ersten Engel sollen wir nicht vergessen, uns vom fünften Engel einladen zu lassen, ein Auge für die Größe und Schönheit der Schöpfung zu haben und in dankbarem Lobpreis in seine Anbetung des Schöpfers einzustimmen.«

Adalbert Ludwig Balling

Ja

Als der Herr mit mächt'ger Schwinge
Durch die neue Schöpfung fuhr,
Folgten in gedrängtem Ringe
Geister seiner Flammenspur.

Seine schönsten Engel wallten
Ihm zu Häupten selig leis,
Riesenhafte Nachtgestalten
Schlossen unterhalb den Kreis.

»Eh' ich euern Reigen löse«,
Sprach der Allgewalt'ge nun,
»Schwöret, Gute, schwöret, Böse,
Meinen Willen nur zu tun!«

Freudig jubelten die Lichten:
»Dir zu dienen sind wir da!«
Die zerstören, die vernichten,
Die Dämonen, knirschten: »Ja.«

Conrad Ferdinand Meyer

So war das mit den Engeln

Streit war ausgebrochen unter den Engeln.

Die besten Sänger hatte ihr Herr zu einem Chor zusammengestellt. Mit feierlicher, fast erregter Stimme hatte er sie mit einem besonderen Auftrag versehen. Sie sollten weit fort bei der Geburt des Sohnes ihres Herrn singen.

Auf dem Weg dorthin war nun Streit unter ihnen ausgebrochen. Zwei kleine Engelchen, auf der untersten Stufe der Engelhierarchie, behaupteten, der Herr hätte ihnen aufgetragen, sie sollten bei diesem Ereignis einen anderen Text singen. Bisher pflegten sie immer in den verschiedensten Variationen denselben Text zu singen: »Ehre sei Gott in der Höhe.«

Und es war wirklich beeindruckend, ihnen zuzuhören, was sie aus diesem Text mit ihren Instrumenten und mit ihren Stimmen alles herausholten.

Aber nun war ein Streit unter ihnen ausgebrochen. Jene zwei schon erwähnten Engelchen, das eine mit krummen Beinen, das andere mit weit abstehenden Flügeln, behaupteten, der Herr hätte ihnen dieses Mal einen anderen Text aufgetragen.

Einige der anderen Engel waren unsicher. Seltsam war es schon, wie der Herr zu ihnen gesprochen hatte. Aber der hatte manches Mal seine unberechenbaren Launen. Besonders auffällig war in der letzten Zeit seine offenkundige Sympathie für die Menschen auf der Erde. Das führte schon seit einiger Zeit zu seltsamen Entschlüssen ihres Herrn.

Der Höhepunkt dieser Sympathie für die Menschen war, daß der Herr ausgerechnet bei diesen Menschen seinen Sohn geboren werden ließ. Völlig unverständlich für die Engel. So mußte wenigstens gerettet werden, was noch zu retten war, dachte sich der Erzengel und Obersänger. Das unverständliche Ereignis mußte wenigstens mit himmlischer Sphärenmusik feierlich umrahmt werden. Die Menschen sollten bei dieser Geburt wissen, daß sie es mit dem Herrn und nicht mit einem ihresgleichen zu tun hatten. Der Erzengel und seine treuen Diener wußten, was sie ihrem Herrn schuldig waren.

Nur diese zwei Engelchen machten Schwierigkeiten und brachten Unruhe unter die Engelschar. Sie behaupteten, der Herr hätte ihnen einen neuen Text aufgetragen. Sie sollten nicht mehr singen: »Ehre sei Gott in der Höhe«, sondern: »Ehre sei Gott in der Tiefe«. So unrecht hatten sie ja gar nicht. Der Erzengel hatte es ja auch gehört. Aber das ging nun wirklich über seine himmlische Hutschnur. Das konnte nicht wahr sein, daß Engel plötzlich nicht mehr die himmlische Höhe, sondern die irdische Tiefe besingen sollten. So weit konnte auch ein Engel nicht den Launen seines Herrn folgen.

Und außerdem waren es ja zwei Engelchen ganz unten in der Hierarchie, die so stur auf dem neuen Text des Herrn beharrten. Die wollen sich doch nur wichtig machen und sich in den Augen des Herrn hervortun. Man kannte sie ja, diese Unruhestifter, die immer etwas Neues wollten. Mit einem scharfen, fast drohenden Blick beendete der Erzengel den ausgebrochenen Streit. Er ermahnte die beiden Aufsässigen, sie sollten sich an das Gewohnte halten, an-

sonsten sei ihre himmlische Karriere beendet, bevor sie richtig begonnen habe.
Von weitem sahen sie die hellerleuchtete Stadt Jerusalem. Aber der Stern, der ihnen als Wegweiser mitgegeben war, zeigte ihnen deutlich, daß ihr Weg weiterführte auf ein Hirtenfeld nahe bei dem fast unbekannten Provinznest Bethlehem. So richtige Stimmung wollte bei den Engeln in dieser Umgebung gar nicht aufkommen. Vor ein paar erschrockenen Hirten hatten sie noch nie Musik gemacht.
Nur zwei kleine Engelchen fielen den Hirten besonders auf, das eine mit den krummen Beinen, das andere mit abstehenden Flügeln. Sie sangen besonders fröhlich und hüpften lustig auf dem Feld herum.
Und als der mit den krummen Beinen ganz nah an einem Hirten vorbeikam, flüsterte er ihm leise ins Ohr, so daß es der Erzengel nicht hören konnte: »Ehre sei Gott in der Tiefe«. Da wurde der erschrockene Hirte ganz froh, und später erzählte er es seinen Freunden und die wurden auch froh, und der neue Text des himmlischen Herrn hatte sich bald herumgesprochen.

Theodor Leonhard

Gesang der Erzengel

Raphael:
Die Sonne tönt nach alter Weise
In Brudersphären Wettgesang,
Und ihre vorgeschriebene Reise
Vollendet sie mit Donnergang.
Ihr Anblick gibt den Engeln Stärke,

Wenn keiner sie ergründen mag;
Die unbegreiflich hohen Werke
Sind herrlich wie am ersten Tag.

Gabriel:
Und schnell und unbegreiflich schnelle
Dreht sich umher der Erde Pracht,
Es wechselt Paradieseshell
Mit tiefer, schauervoller Nacht;
Es schäumt das Meer in breiten Flüssen
Am tiefen Grund der Felsen auf,
Und Fels und Meer wird fortgerissen
In ewig schnellem Sphärenlauf.

Michael:
Und Stürme brausen um die Wette,
Vom Meer aufs Land, vom Land aufs Meer,
Und bilden wütend eine Kette
Der tiefsten Wirkung ringsumher.
Da flammt ein blitzendes Verheeren
Dem Pfade vor des Donnerschlags;
Doch Deine Boten, Herr, verehren
Das sanfte Wandeln Deines Tags.

Zu drei:
Der Anblick gibt den Engeln Stärke,
Da keiner Dich ergründen mag,
Und alle Deine hohen Werke
Sind herrlich wie am ersten Tag.

Johann Wolfgang von Goethe (1749–1832)

Lobt ihn, all seine Engel!

Halleluja!
Lobt den Herrn vom Himmel her,
lobt ihn in den Höhen:
Lobt ihn, all seine Engel,
lobt ihn, all seine Scharen;
lobt ihn, Sonne und Mond,
lobt ihn, all ihr leuchtenden Sterne;
lobt ihn, alle Himmel
und ihr Wasser über dem Himmel!
Loben sollen sie den Namen des Herrn;
denn er gebot, und sie waren erschaffen.
Er stellte sie hin für immer und ewig,
er gab ihnen ein Gesetz, das sie nicht
übertreten.

Psalm 148,1–6

Heilig, heilig, heilig …

In Wahrheit ist es würdig und recht, dir, allmächtiger Vater, zu danken und in der Herrlichkeit der Engel deine Macht und Größe zu preisen. Denn es gereicht dir zur Verherrlichung und zum Lob, wenn wir sie ehren, die du erschaffen hast. An ihrem Glanz und ihrer Würde erkennen wir, wie groß und über alle Geschöpfe erhaben du selber bist. Dich, den ewigen Gott, rühmen wir ohne Ende durch unseren Herrn Jesus Christus. Mit dem Lobgesang der Engel laß auch unsere Stimmen sich vereinen und voll Ehrfurcht rufen: Heilig, heilig, heilig …

Präfation von den heiligen Engeln

Bleibt bei mir

Bleibt, ihr Engel, bleibt bei mir!
Führet mich auf beiden Seiten,
daß mein Fuß nicht möge gleiten.
Aber lernt mich auch allhier
euer großes Heilig singen
und dem Höchsten Dank zu bringen.

Johann Sebastian Bach (1685–1750)

Engel, die eine Botschaft bringen

Es gibt immer noch Engel,
das heißt Botschafter Gottes,
aber sie werden wohl nur von denen vernommen,
die still und gesammelt und
bereit sein können.

Bernhard Welte

Gott schickt seine Boten

In vielen biblischen Geschichten sind Engel Boten Gottes. Sie treten immer dann auf, wenn Gott den Menschen etwas Wichtiges und Entscheidendes zu sagen hat: Der Engel spricht zu Abraham, der Engel spricht zu Gideon; er spricht zu Zacharias, dem Vater des Johannes; er spricht zu Maria, zu Petrus, zu Paulus.
Diese Funktion der Engel als Boten Gottes hat Ernst Hofmann (1971) in einem Kirchenliedtext (Gotteslob 605, 1.5) wie folgt geschildert:

Gott, aller Schöpfung heilger Herr,
zu deines Reiches Glanz und Ehr
hast du der Engel Schar bestellt,
für hohe Dienste sie erwählt.

Du sendest sie als Boten aus:
dein Wort geht in die Welt hinaus.
Groß ist in ihnen deine Kraft;
dein Arm sind sie, der Wunder schafft.

Die Menschen der Bibel wußten: Gott schickt den Menschen Engel als Boten, um ihnen etwas zu sagen, um ihnen eine Nachricht zu übermitteln. In diesem Sinne schreibt Dietrich Steinwede in dem Band *Er sendet seinen Engel vor dir her* (Düsseldorf 1994): »Was sie (die Engel, Verf.) wichtig macht, ist ihre Botschaft. Sie kommen aus Gottes Welt. Ganz unvermittelt. Sie spiegeln Gott. Sie sprechen mit seiner Stimme. Sie sind Gottes leibhaftig nahe Hilfe. Sie weisen Wege. Sie sagen Zukunft an ... Ihr Dienst ist, Gottes Werkzeug zu sein.«

Abraham und Sara haben Besuch

Heiß brennt die Sonne auf die Bäume, unter denen Abrahams Zelt steht – ein Zelt wie ein Haus. Es ist Mittag; die Luft zittert. Abraham, der alte Mann, sitzt am Eingang seines Zelts; sein Kopf ist nach vorn geneigt. Alle Menschen, auch alle Tiere im Zelt schlafen. Abraham schläft nicht. Er denkt nach: Warum hat Sara, seine Frau, kein Kind? Gott hat ihnen einen Sohn versprochen. Doch jetzt ist Sara alt. Sie sieht fast wie eine Großmutter aus. Aber sie hat kein Kind. Sara ist traurig. Auch Abraham ist traurig.

Plötzlich schaut Abraham auf. Er streckt seinen Rücken. Vor ihm stehen drei Männer, die vom Weg herübergekommen sind. Abraham springt auf; er verbeugt sich vor den Männern. Drei Männer – mitten in der Einsamkeit, mitten am Tag? Abraham staunt. Er freut sich über den Besuch. »Kommt herein, wascht eure Füße in meinem Zelt, esst bei mir, bevor ihr weiterzieht auf dem Weg durch das heiße Land.«

Abraham weckt seine Knechte. Er weckt Sara, seine Frau. »Knete Teig, backe Kuchen«, sagt er. »Schlachtet ein Kalb, röstet einen Braten«, ruft er den Knechten zu. »Gäste sind da, sie sollen es gut bei uns haben.« Alle werden wach. Abraham bringt den Gästen das Essen hinaus vor das Zelt. Unter dem großen Eichbaum haben sie sich niedergesetzt. Sie essen und trinken.

»Wo ist Sara, deine Frau?« fragen die Männer. Wieder staunt Abraham. Woher kennen die Männer den Namen seiner Frau? Wissen sie vielleicht auch, dass Sara traurig ist?

»Sie ist im Zelt«, sagt Abraham. Er zeigt nach innen.

Einer der Männer aber sagt: »In einem Jahr kommen wir wieder zu dir. Wenn wir wiederkommen, wird deine Frau Sara ein Kind haben, einen Sohn.«

Sara hat alles gehört. Sie steht im Zelt und lacht. Sie lacht so laut, daß die drei Männer es hören können. Sie denkt: Ich kann doch kein Kind mehr bekommen, ich alte Frau. Die Männer aber sagen: »Warum lacht Sara, deine Frau? Nichts ist unmöglich für Gott. In einem Jahr werden wir wirklich wiederkommen. Wir werden ein kleines Kind an Saras Brust trinken sehen; wir werden es schreien hören.«
»Ich habe nicht gelacht«, sagt Sara laut. Ihr Kopf wird zwischen den Tüchern des Zelts sichtbar. Ihre Stimme zittert.
»Doch, du hast gelacht«, antwortete einer der Männer. Seine Stimme ist freundlich. Abraham sagt kein Wort; er staunt. Sara hat Angst.
Jetzt stehen die Männer auf. Sie wandern weiter, auf die Stadt Sodom zu. »Wer waren die Männer?« fragt Sara. »Wer waren die Männer?« fragte Sara nochmals. Sie setzt sich neben Abraham, ihren alten Mann. Es ist still. Die Luft zittert.
Und Abraham sagt: »Ich glaube, Gott selbst hat uns besucht.«
Wieder ist es still. Dann flüstert Sara: »Vielleicht sind es Gottes Engel, die zu uns gekommen sind.« Langsam verschwindet ihre Angst.

Ein Jahr später hat Sara, die alte Frau, wirklich ein Kind, einen Sohn. Er heißt Isaak. Isaak bedeutet »Gott lacht«.

(nach 1 Mose 18,1–16)
Regine Schindler/Reinhard Herrmann

Gabriel – der »Verkündigungsengel«

Gabriel – sein Name bedeutet so viel wie »Gottes Kraft« – ist uns bekannt als der Verkündigungsengel. Gott schickte den Erzengel mehrfach auf die Erde, um den Menschen etwas Wichtiges mitzuteilen. Er sandte ihn zu dem Propheten Daniel, zum Priester Zacharias oder im Traum zum heiligen Josef. Den wichtigsten Besuch machte Gabriel bei der Jungfrau Maria, wovon wir im ersten Kapitel des Lukasevangeliums hören:

Eines Tages wurde der Engel Gabriel von Gott nach Nazaret zur Jungfrau Maria gesandt. Maria war verlobt mit einem Mann, der Josef hieß. Der Engel trat in ihr Haus ein und sprach: »Sei gegrüßt, du Begnadete, der Herr ist mit dir!«

Maria erschrak und sagte nichts. Sie dachte nach, was der Gruß des Engels bedeuten könnte. Der Engel Gabriel aber sprach weiter: »Erschrick nicht, Maria! Denn Gott hat dich lieb. Du sollst einen Sohn zur Welt bringen, dem sollst du den Namen Jesus geben. Er wird groß sein, und man wird ihn nennen: Sohn des Allerhöchsten. Gott der Herr wird ihn auf den Königsthron setzen, und sein Reich wird ohne Ende sein.«

Maria war noch jung; sie konnte es nicht fassen, daß der Engel zu ihr in das kleine Haus gekommen war mit einer so überraschenden Nachricht. Sie sollte einen Sohn bekommen? Er sollte der Sohn des Allerhöchsten sein? Sie fragte: »Wie soll das geschehen?« Der Engel Gabriel antwortete: »Der Heilige Geist wird auf dich herabkommen, und wie ein Schatten wird dich die Kraft Gottes erfüllen …«

Maria hörte still zu, als der Engel weitersprach: »Weil der Heilige Geist auf dich herabkommt, darum wird das Kind, das du zur Welt bringen wirst, Sohn Gottes heißen.« Dann

erzählte ihr der Engel Gabriel, daß auch ihr Onkel Zacharias und ihre Tante Elisabet einen Sohn bekommen würden, obwohl sie alt und hochbetagt waren: »Denn bei Gott ist kein Ding unmöglich.«
Da sprach Maria: »Siehe, ich bin eine Magd des Herrn. Es soll geschehen, wie du sagst!« Als Maria so gesprochen hatte, verließ sie der Engel. Er konnte jetzt Gott die Antwort bringen, daß Maria bereit sei, bei der Erlösung der Menschen die ihr zugedachte Aufgabe auf sich zu nehmen und zu erfüllen …

Der Erzengel Gabriel ist der Patron der Boten, besonders der Postboten und Postbeamten. Ebenfalls ist er der Patron der Briefmarkensammler und (seit 1951) der Patron des Fernmelde- und Nachrichtenwesens. Erst im Jahr 1969 wurde das Fest Gabriels mit jenem von Michael und Raphael am 29. September vereint; zuvor war der 24. März der Gabriel-Tag.
Der Gabriel-Tag wurde früher gerne als eigentlicher Frühlingsanfang gefeiert. Für den Bauern begann jetzt die Zeit des Säens, der Obstbauer pfropfte in diesen Tagen die Bäume. Der Garten wurde in dieser Zeit vorbereitet, und die Schwalben kehrten aus den Winterquartieren in ihre Heimat zurück …

Auf Darstellungen ist Gabriel meist als leuchtender Verkündigungsengel abgebildet; in der Hand hält er eine Lilie. Auf östlichen Abbildungen trägt er manchmal eine Weltkugel. Im übrigen spielt Gabriel auch im Islam eine wichtige Rolle: Er soll Mohammed die Worte des Koran, des heiligen Buches, eingegeben haben.

Die Stimme

Maria nimmt den Krug.
Sie geht hinaus zum Brunnen,
Wasser zu holen.
Da – die Stimme.
Maria hört es:
»Sei gegrüßt, Begnadete unter den Frauen.
Gott ist mit dir!«

Maria schaut auf:
›Woher kommt diese Stimme?‹

Maria erbebt …

Maria geht zurück ins Haus.
Sie stellt den Krug ab.
Sie nimmt den Purpur.
Sie setzt sich und spinnt.

Und da – der Engel des Herrn.
Vor ihr.

Er spricht:
»Kraft Gottes überschattet dich, Maria.
Du wirst einen Sohn bekommen.
Heilig ist er,
Sohn des Höchsten.
Er rettet sein Volk von Sünden.

Nenne ihn ›Jesus‹, deinen Sohn.
›Jesus‹, das heißt ›Gott hilft‹«

Maria spricht:
»Sieh mich an:
Ich bin ein armes Mädchen. –
Aber ich stehe vor Gott.
Es mag mir geschehen,
wie du sagst.«

Aus dem Kindheitsevangelium des Jacobus, um 150 n. Chr.

Die Verkündigung

Murmelnd betete Maria in der späten Sonntagsstille: »Er küsse mich mit dem Kusse seines Mundes; denn deine Brüste sind lieblicher als Wein. Es riechen deine Salben köstlich; dein Name ist eine ausgeschüttete Salbe, darum lieben dich die Jungfrauen ...
Ich bin eine Blume des Feldes und eine Rose im Tal ...
Wie ein Apfelbaum unter den wilden Bäumen, so ist mein Freund unter den Söhnen. Ich sitze unter dem Schatten, des ich begehre, und seine Frucht ist meiner Kehle süß.
Er führt mich in den Weinkeller, und die Liebe ist sein Panier über mir. Er erquickt mich mit Blumen und labt mich mit Äpfeln; denn ich bin krank vor Liebe! ...«
Maria schwieg, und eben aufblickend aus ihrem schweren Brevier, sah sie schon die schmale Sichel des Mondes in dem perlmutternen Himmel hängen.
Der Abend kam, und in dem sauberen Gärtlein schwebten liebliche Düfte von Ziererbsen, und irgendwo war ein Vogel, der sich selbst etwas vorflötete.
Sie tauchte die Nase in die gelben Blumen, die sie in einer blauen Delfter Vase auf den Tisch gesetzt hatte, und seufzte.
Ein weiches und süßes Gefühl machte sie stille und ließ sie die Augen schließen. Es war das frauliche Verlangen, Kinder zu haben, süße, sanfte Kinder mit blondem Haar und rosigen Gesichtern, die sie in ihrer kindlichen Vorstellung nicht größer werden sah und die ihr gegeben werden würden, wie wenn des Abends der Tau auf die Wiesen sinkt.
Denn Maria war sehr rein und keusch von Gedanken. Sie verlangte so sehnlich nach der Nähe eines eigenen Kindes! Ach, wie oft hatte sie nicht gestanden mit Tränen in den Augen und den fröhlichen Kindern nachgeträumt,

die in der Abenddämmerung singend aus den Feldern kamen!

Und nun, an diesem märzlichen Sonntagabend, floß ihr Herz davon über, und eine große Einsamkeit kam über sie.

Denn sie war erst ein Mädchen von achtzehn Jahren.

Sie wohnte in dem weißen Häuschen mit gelb und schwarz gewürfelten Steindielen für sich allein, seit ihre gute Mutter Anna in dem Geruch der Heiligkeit gestorben war.

Dort, an der weißen Wand, hing der Mutter Bildnis, gemalt von Lukas, dem Mönch, einem Manne, der heilige Bücher illuminierte und das Leben der Erzväter und Eremiten kunstvoll auf Glas zu malen und zu brennen verstand.

Die Dämmerung, die die schlichten Gegenstände umwebte, als da waren kupferne Leuchter und beblümte Teller und Vasen aus Silberglas mit Wachsblumen darin, ließ nur das bleiche Gesicht der ehrwürdigen Mutter Anna noch hervortreten.

Mit diesen seherisch zusammengepreßten Lippen, den perlschwarzen Augen und dem sorgfältig über die Ohren gekämmten Haar, so lebte sie immer heller fort in der Vorstellung ihres einzigen Kindes. So sah Maria sie noch das Brot schneiden, die Abendgebete sprechen und am Sonntag aus der guten Stube kommen, fertig, zur Kirche zu gehen; ihr schwarzes Kleid rauschte dann, ein Gebetbuch stak unter ihrem Arm, und eine weiße Haube erhellte ihren Kopf.

Die Mutter zog ihr Kind auf in der Furcht Gottes, und als sie ruhig und gelassen ihre unberührte Seele von unserm Herrgott abpflücken ließ wie eine Blume, flog ein Lächeln auf ihre Lippen, und ihr Leib begann wie eine köstliche Frucht zu duften.

Maria, die damals erst sechzehn Jahre alt war und sah, wie

ihre Mutter so ruhig sterben konnte, gewann einen großen Trost daraus, und ihrer liebevoll gedenkend, lebte sie das schlichte, reine Leben weiter.
Der Tag kam und die Nacht, es wurde Winter und wieder Sommer, und Maria aß sparsam den kärglichen Bissen Brot, den sie sich, über ihr Klöppelkissen gebeugt, verdiente. Das hatte sie noch gelernt, als sie mit ihren Eltern auf den Hügeln Südflanderns wohnte – und ihr Genuß war es, im Herrn zu leben, und zu beten aus dem Buch, das Lukas so reich mit bunten Bildern und goldenen Zieraten geschmückt hatte.
Aber nun, an diesem Sonntagabend, war sie still vor Wehmut und erfüllt von mütterlichem Verlangen.
Da nahten sich schwere Schritte. Es war der kleine dicke Ortspfarrer, der in seinem Brevier lesend lustwandelte.
Er ging längs der Hecke hin, sah Maria am offenen Fenster sitzen und rief ihr freundlich einen guten Abend zu, und dann kam er durch das Gartenpförtchen über den hellen Weg zu ihr hin.
Er blieb draußen am Fenster stehen, lachte ihr väterlich zu, und als Maria, die aufgestanden war, ihn um seinen Segen bat, gab er ihn ihr mit lässiger Gebärde und sagte dann, es sei ein schöner Abend, aber morgen werde es wohl regnen.
Verwirrt und voller Ehrfurcht vor dem Diener Gottes gab sie nur kurzen Bescheid und ließ die Abendstille walten.
Der Kopf des Pfarrers war groß und rot und blinkte fettig in der Abendluft. »Ja, ja, es ist schönes Wetter«, sagte er noch einmal. Denn wenn er auch voller Eifer war für das Seelenheil seiner Schafe, so vermochte er doch den Geist Gottes nicht in seine Worte zu legen. Er betrachtete Maria, die unruhig in ihrem Buche zu blättern begann. Er sah nur zu deutlich, wie dieses Mädchen nun zum Weibe wurde und wie sie ihre Brüste wegzwängte in dem spannenden,

schwerfaltigen blauen Kleid. Und voller Angst um die Reinheit ihrer Seele suchte er nach Worten, um ihr seine Sorge beizubringen. Denn er wußte nur allzu gut, wie bedrohlich der Teufel sucht und findet, besonders in der Mädchenzeit. Und er sagte: »Du solltest in ein Kloster gehen.«
»Ja?« fragte Maria erbleichend.
»Ja«, sagte der Pfarrer.
Wieder trat die Stille zwischen sie, der Abend breitete sich aus, und ein Stern kam, sie zu beschauen. Endlich sagte der Mann, er müsse zur Vesper gehen, wünschte ihr gute Nacht und setzte lesend seinen Spaziergang über einen schmalen Weg durch die Felder in der Richtung eines spitzen Kirchturmes fort.
Maria war sehr ergriffen. Ins Kloster gehen!
Plötzlich sah sie das Kloster der weißen Schwestern vor sich, wo es hell und sauber war und wo der süße, feine Weihrauchsduft in den langen Gängen hing.
Es war immer eine freundliche Stunde, wenn sie zu den Schwestern kam, um ihre Spitzen abzuliefern. Sie konnten ja so behaglich lachen, waren immer vergnügt und plauderten fröhlich, und solange die Jahreszeit es erlaubte, füllten sie Mariens Strohkörblein mit den schönsten, saftigsten Äpfeln. Dort war es gewiß lustig. Aber dann würde sie niemals mehr durch die weiten Felder wandeln können, keine Gewürzkräuter und Wasserlilien mehr pflücken können am Wasser der Nethe hin, die Lerchen nicht mehr in den Himmel steigen sehn und nicht mehr die Süße des Abends in ihr Herz sinken fühlen! Die Felder mit ihrem Schnee und ihrer Sonne, mit ihren Blumen und Kartoffelfeuern – ach! es war doch herrlich und so schön, zu beten! Und Maria sah übers Land und fühlte, wie ihre Augen sich mit Tränen füllten.
Der Himmel war blauer geworden, aber ein dünnes grünes Licht blieb hängen, wo die Sonne untergegangen war;

die knospenden Bäume standen sammetschwarz dagegen, und es war eine weite Stille über dem Land. Eine Fledermaus flatterte an der Mondsichel vorbei, und durch den Birkenpfad trieb ein lahmer Hirte seine Schafe zum Stall. Dann läutete die Glocke zur Abendandacht, und in der Ferne wurde ein Licht angezündet.

Maria verließ mit einem Seufzer das Fenster. Sie warf ihren blauen Kattunmantel um, nahm ihr Gebetbüchlein vom Kamin und ging zur Kirche.

Sie durchschritt den Birkenpfad, ihre Kleider rauschten in der Stille, und das Herz wurde ihr schwer vor Wehmut.

Und da geschah es.

Es wehte eine süße Musik durch die zarten Zweige der Bäume. Maria schaute erschreckt hinauf, und als sie wieder nach vorn sah, stand da, gewoben aus Abenddunst und Mondenschein, ein wunderschöner Engel in kirschrotem Meßgewand, eine Lilie in der Hand.

Er war durchleuchtet von himmlischem Feuer und blinkte wie ein Kirchenfenster in der Sonne. Mit seinen rauschenden Taubenflügeln erhob er sich über den Boden, und ein betäubender Duft von Veilchen und Würznägelein strömte von ihm aus.

Es war, als sähe Maria auf einmal, wonach sie immer verlangt, aber was sie niemals hatte ausdrücken können, und ohne Angst, aber überfließend vor Ehrfurcht und Demut, wagte sie den Engel nicht anzuschaun und kniete nieder in die Maßliebchen des Weges.

Und mit einem wundersüßen Klang, wie niemals ein Mensch ihn gehört, gleich einer Orgel, sang es aus dem Mund des schönen Engels, daß sie gegrüßt sei und den Herrn trüge und gebenedeit sei unter allen Frauen, sie und die heilige Frucht ihres Leibes. Maria wagte nicht zu fragen, wie das geschehen würde, aber der Engel sang: »Der Heilige Geist wird über dich kommen, und die Kraft des Höchsten wird dich überschatten.«

Nun ward Stille, und in die hinein sprach Maria voll Hingebung und zitternd vor Freude: »Siehe, ich bin des Herrn Magd; mir geschehe, wie du gesagt hast!« Und als Maria wieder aufblickte, um dem Engel mit ihren Augen zu danken, entschwebte die Musik aus den Bäumen, und es ward wieder Stille und Abendeinsamkeit, und schwere Nebel bedeckten die Felder …
Als Maria heimkehrte, vergaß sie die Lampe anzuzünden, und weinend sank sie nieder auf den Tisch. Sie weinte vor übergroßem Glück und vor wundersamer Begnadung, und ihre Tränen tropften auf die gelben Blumen.
Draußen stand der Himmel voller Sterne.

Felix Timmermans

Argwohn Josephs

Und der Engel sprach und gab sich Müh
an dem Mann, der seine Fäuste ballte:
»Aber siehst du nicht an jeder Falte,
daß sie kühl ist wie die Gottesfrüh?«

Doch der andre sah ihn finster an,
murmelnd nur: »Was hat sie so verwandelt?«
Doch da schrie der Engel: »Zimmermann,
merkst du's noch nicht,
daß der Herrgott handelt?

Weil du Bretter machst, in deinem Stolze,
willst du wirklich den zur Rede stell'n,
der bescheiden aus dem gleichen Holze
Blätter treiben macht und Knospen schwell'n?«

Er begriff. Und wie er jetzt die Blicke,
recht erschrocken, zu dem Engel hob,
war der fort. Da schob er seine dicke
Mütze langsam ab. Dann sang er Lob.

Rainer Maria Rilke (1875–1926)

Engel bei den Hirten*

Am Berghang von Bethlehem waren die Hirten, denen die Höhle gehörte, in der Jesus geboren wurde. Sie hatten Feuer gemacht, denn es war Nacht geworden. Einige von ihnen blieben wach, damit sie die Wölfe vertreiben könnten, wenn sie im Dunkeln kämen, um ein Schaf zu fangen.
Da stand auf einmal – so erzählt der Evangelist Lukas – ein Engel vor ihnen, der strahlte von der Herrlichkeit Gottes, und der Glanz machte alles hell ringsumher. Die Hirten erschraken sehr, viel mehr, als sie über den Wolf oder über den Löwen erschrocken wären. Denn sie hatten noch nie einen Engel gesehen und noch nie solch ein herrliches Leuchten mitten in der Nacht.
Der Engel sprach zu ihnen: »Fürchtet euch nicht, Hirten. Denn ich verkündige euch eine große Freude, eine Freude für die ganze Welt. Heute ist euch in Bethlehem der Retter geboren, der Herr, der Messias. An diesem Zeichen sollt ihr ihn erkennen: Ihr werdet ein Kind finden, das in einer Krippe liegt, eingewickelt in Windeln.«
Und plötzlich war bei den Engeln ein großes himmlisches Heer, das Gott lobte und sprach: »Ehre sei Gott in der Höhe und Friede auf Erden den Menschen seiner Gnade!«
Und die Hirten: Sie liefen, so schnell sie konnten, hinauf nach Bethlehem, fanden auch rasch die Höhle (es war ja ihre) und sahen Maria und Josef und das neugeborene

Kindlein, das in der Krippe lag. Sie erzählten Maria und Josef von dem Engel, der zu ihnen auf die Wiese gekommen war; Maria und Josef staunten sehr.
Mit Lobgesang und betend gingen die Hirten zurück, sie waren noch ganz aufgeregt, und dankten Gott unablässig und laut dafür, daß sie die ersten sein durften, die das Jesuskind in der Krippe gesehen hatten. Maria aber bewahrte alles, was geschehen war, in ihrem Herzen und dachte darüber nach.

Nach Lukas 2,1–20

Der Engel mit dem Gipsarm*

Jetzt will ich euch erzählen, wie Dang Fratzer einmal einen Weihnachtsengel spielte.
Dang Fratzer geht in die dritte Klasse zu Frau Timm. Aber er sieht anders aus als die anderen Kinder. Seine richtigen Eltern waren Vietnamesen. Dang ist in Vietnam geboren. Das ist ein ganz fernes Land auf der anderen Seite der Erde. Als Dang zur Welt kam, wütete dort gerade ein schrecklicher Krieg. Niemals möchte ich einem Kind wünschen, daß es in einem Land zur Welt kommt, in dem gerade Krieg ist. Etwas Schlimmeres kann man sich nicht denken.
Dangs Eltern und alle seine Geschwister und Verwandten wurden von Soldaten getötet. Nur er allein blieb übrig. Zum Glück war Dang noch ganz klein und begriff nichts. Jemand brachte ihn in ein Waisenhaus. Und eines Tages fuhr er mit anderen Waisenkindern auf einem Schiff nach Deutschland und kam in ein Kinderheim hier in unserer Stadt.

Dort sahen ihn Fratzers. Sie hatten ihn gleich so lieb, daß sie ihn mit zu sich nach Hause nahmen und später adoptierten. Fratzers haben keine eigenen Kinder. So ist Dang ihr Kind geworden. Er sagt Papa und Mama zu Herrn und Frau Fratzer und ist ebensogut deutsch wie jedes andere Kind in der Straße.

Von Vietnam und vom Krieg weiß er nichts mehr. Nur nachts hat er manchmal schlimme Träume. Dann schlägt er um sich und schreit. Aber am Morgen hat er alles vergessen und ist wieder vergnügt.

Als Frau Timm nach den Herbstferien anfing, mit der Klasse ein Krippenspiel einzuüben, wollte Dang unbedingt den Verkündigungsengel spielen. Der Verkündigungsengel – das ist der, der den Hirten auf dem Feld die Geburt des Jesuskindes verkündet. Die ganze Klasse lachte, als Dang sich dafür meldete. Und Marion Holzapfel, die unter allen Umständen selbst den Engel spielen wollte, rief:

»Quatsch! Ein Junge kann doch kein Engel sein!«

»Kann er doch!« antwortete Dang eigensinnig. »Schließlich heißt es *der* Engel!«

Und am anderen Tag kam er an und verkündete:

»Mein Papa sagt, in der Bibel sind die Engel überhaupt immer nur Männer und haben Männernamen.«

»Aber sie sehen nicht vietnamesisch aus!« rief Marion. »Sie haben helle blonde Haare und eine liebliche Stimme.«

Das mit der Stimme sagte sie, weil Dang eine rauhe, brummelige Stimme hat.

Aber am nächsten Tag meldete sich Dang wieder und erklärte:

»Mein Papa sagt, in den biblischen Geschichten steht gar nichts davon, wie Engel aussehen und was sie für Stimmen haben.«

»Das stimmt«, gab Frau Timm zu. »Da hat dein Papa recht.«

Und um die Sache endlich zu entscheiden, machte sie zwei

Loszettel – einen leeren und einen, auf dem »Engel« stand. Sie ließ Dang und Marion ziehen. Und es war Dang, der gewann. Marion zog den leeren Zettel und sollte bei den himmlischen Heerscharen mitsingen, weil sie eine liebliche Stimme hat. Sie war so enttäuscht! Dang aber war der eifrigste Verkündigungsengel, der jemals in der Kirche herumgeschwebt war. Ja, es sah wirklich fast so aus, als ob er schwebte, wenn er in dem weißen Gewand, das seine Mutter ihm genäht hatte, hinter dem Altar hervortrat und mit hochgereckten Armen die himmlische Botschaft verkündete.

Doch eines Tages kam Dang zur Probe und hatte den rechten Arm in Gips. Stellt euch vor, er hatte heimlich vom Garagendach aus »Fliegen« geübt, weil er dachte, es wäre nützlich für einen Engel, wenn er wenigstens ein ganz klein wenig fliegen konnte. Leider war er bei der Landung so ungeschickt aufgekommen, daß er sich den Arm gebrochen hatte.

Frau Timm hörte sich die Geschichte an und schüttelte bekümmert den Kopf.

»Ich kann mir ja wirklich alle Arten von Engeln vorstellen«, sagte sie, »Jungen oder Mädchen, schwarz oder weiß oder vietnamesisch. Aber einen Engel mit einem Gipsarm? Wie willst du denn nun die Arme ausbreiten, wenn du den Hirten die Botschaft verkündest?«

Marion Holzapfel kam herbeigestürzt und rief:

»Jetzt kann Dang nicht mehr der Engel sein, nicht wahr, er kann kein Engel mehr sein?«

Aber Dang schob sie zur Seite und sagte zu Frau Timm:

»Mein Papa sagt, es kommt nicht darauf an, ob ein Engel die Arme ausbreiten kann oder nicht. Es kommt auf die Botschaft an. Und die kann ich ja sagen!«

Und er riß den Mund auf und ließ die Backenmuskeln spielen, damit jeder sehen konnte, wie gut sein Mund in Ordnung war.

Frau Timm seufzte.
»Na schön«, sagte sie. »Aber paß gut auf, daß du dir bis zur Aufführung nicht noch einen Zahn herausbrichst.«
Das versprach Dang.
So geschah es, daß in diesem Jahr der Verkündigungsengel schwarze struppige Haare hatte, vietnamesisch aussah und den rechten Arm in der Schlinge trug. Die Leute, die am Heiligen Abend in die Kirche kamen und sich das Krippenspiel anschauten, wunderten sich ein wenig darüber. Manche dachten wohl, es sei noch gar nicht der richtige Verkündigungsengel. Aber dann erhob er seine Stimme und sagte:
»Fürchtet euch nicht! Siehe, ich verkünde euch große Freude, die allem Volk widerfahren wird; denn euch ist heute der Heiland geboren, welcher ist Christus, der Herr, in der Stadt Davids.«
Da begriffen die Leute, daß alles seine Richtigkeit hatte.

Renate Schupp

Friede auf Erden

Da die Hirten ihre Herde
ließen und des Engels Worte
trugen durch die niedre Pforte
zu der Mutter und dem Kind,
fuhr das himmlische Gesind
fort im Sternenraum zu singen,
fuhr der Himmel fort zu klingen:
»Friede, Friede! auf der Erde!«

Seit die Engel so geraten,
o wie viele blutge Taten
hat der Streit auf wildem Pferde,
der geharnischt, vollbracht!
In wie mancher heilgen Nacht
sang der Chor der Geister zagend,
dringlich flehend, leis verklagend:
»Friede, Friede … auf der Erde!«

Mählich wird es sich gestalten,
seines heilgen Amtes walten,
Waffen schmieden ohne Fährde,
Flammenschwerter für das Recht,
und ein königlich Geschlecht
wird erblühn mit starken Söhnen,
dessen helle Tuben dröhnen:
Friede, Friede auf der Erde!

Conrad Ferdinand Meyer (1825–1898)

Füreinander Engel sein

Die Engel über Bethlehem sind verschwunden. Die Engel, die wir haben, sind aus Goldfolie, sind golden tot. Wir können uns nicht mehr auf Engel verlassen. Der Weihnachtsauftrag ergeht an *uns.* »Engel« heißt: Bote, Bote von Gott. An uns ist es, mit unserem Leben Boten zu sein, Boten der Liebe Gottes, die in Jesus Christus Mensch geworden ist, damit wir selber menschlicher werden. Den Auftrag, füreinander Engel, d. h. Boten Gottes, Boten Jesu Christi zu sein, nimmt uns heute kein Engel mehr ab. An uns ist es, die Weihnachtsbotschaft nicht aus Festtagshimmeln einander zuzurufen, sondern sie hier, auf unserer Alltagserde zu leben.

Kurt Marti

Ein Engel sagt Josef, wie er Maria und Josef retten kann*

Als die weisen Männer Bethlehem verlassen hatten, kam ein Engel im Traum zu Josef und sprach: »Steh auf, nimm das Jesuskind und die Mutter Maria und flieh! Flieh nach Ägypten und bleibe dort, bis ich es dir sage. Denn Herodes wird das Kind suchen, um es zu töten.«
Da stand Josef rasch auf, rüttelte den Esel wach, machte Sattel und Traggepäck zurecht und weckte, als alles zur Flucht bereit war, Maria und das Kind. Leise schlichen sie aus Bethlehem fort. Als der Morgen kam, waren sie nicht mehr zu sehen.
Herodes wartete viele Tage, aber die weisen Männer kamen nicht zurück. Da merkte er, daß sie ihm nicht verraten wollten, wo er Jesus finden könnte. Er geriet in großen

Zorn, rief eine Rotte Soldaten und ließ sie hinüber nach Bethlehem reiten. Dort mußten sie alle kleinen Knaben töten, die ungefähr so alt waren wie das Jesuskind, nämlich zwei Jahre.

Da hörte man die Mütter in den Straßen und Gassen von Bethlehem weinen und klagen, weil ihre Kinder tot waren. Als die Soldaten getan hatten, wie der König befohlen hatte, ritten sie nach Jerusalem zurück und meldeten es ihm. Herodes war zufrieden und sprach: »Jetzt ist mein Rivale tot. Es gibt keinen neugeborenen König mehr.«

Bald darauf starb Herodes. Da erschien der Engel des Herrn dem Josef wieder im Traume und sprach: »Auf, ziehe wieder fort aus dem Ägypterland, denn Herodes ist tot.« Josef tat, was der Engel sagte: denn ein Engel sagt nichts aus sich selbst; was er sagt, ist Gottes Wort. Er stand auf, nahm Jesus und Maria und führte sie sicher nach Hause, in die Stadt Nazaret.

Auf dem langen gefährlichen Wege von Bethlehem nach Ägypten und von Ägypten nach Nazaret war der Engel Gottes immer unsichtbar bei ihnen. Denn Gott hat seinen Engeln befohlen, sie sollen uns begleiten auf allen Wegen, sie sollen uns wie auf Händen tragen, daß uns kein Unglück zustößt. In Nazaret blieben sie wohnen: Jesus wuchs heran und war seinen Eltern gehorsam.

Nach Matthäus 2,13–23

Der Engel im Café

In seinem autobiographischen Buch »Ich lebe in Jerusalem« (München 1989) erzählt der bekannte jüdische Theologe und Schriftsteller Schalom Ben-Chorin davon, wie es mit seiner Auswanderung nach Jerusalem [...] gewesen ist.

Es war 1934 in München. Eben hat er bei einem Reisebüro die Schiffskarte von Amsterdam nach Argentinien abgeholt. In ein Kaffeehaus ging er, um eine Tasse Kaffee zu trinken. Als er bei seiner Tasse Kaffee traurig und resigniert dasaß, kam eine Bekannte an ihm vorbei, sprach ihn an und erkundigte sich nach dem Grund seiner Niederwgeschlagenheit. Er erzählte ihr im Hinblick auf die schwere Zeit, die für Juden in Deutschland ausbrach, von der Absicht, nach Argentinien auszuwandern. Er gehe mit schwerem Herzen in einen fremden Erdteil, in eine Fremde, wo ihn nichts mit der Sprache und Geschichte noch mit der Kultur und dem Volk verbinde. Wenn er schon aus München, seiner Geburtsstadt, ausreisen müsse, dann lieber dahin, wo die Bestimmung seines Herzens ist – nach Jerusalem.
Die Bekannte hörte sich das alles an, dann sagte sie einfach und schlicht: »Man soll immer auf die innere Stimme hören. Diese Stimme spricht nicht oft, aber in Ihrem Falle hat sie klar gesprochen. Folgen Sie dieser Stimme!«
Diese Worte gaben den Ausschlag für eine weittragende Lebensentscheidung. Ben-Chorin erhob sich vom Tisch, ging in das Reisebüro zurück und gab dort der verwunderten Beamtin seine Fahrkarte zurück. Ein halbes Jahr später wanderte er nach Jerusalem aus, wo er am 7. Mai 1999 gestorben ist. Er schreibt zu den Umständen seiner Ausreise: »Martin Buber erinnert gern an einen Ausspruch seiner Mutter: ›Einen Engel erkennt man erst, wenn er vorübergegangen ist.‹ Ich bin sicher, daß die Frau, die damals im Café Lenbach das lösende Wort gesprochen hatte, ein Engel war, ein deutscher Engel, oder ein Engel, als deutsche Bekannte verkleidet.«

Unbekannter Verfasser

Engel, die beschützen

Der Wunsch unseres Schutzengels,
uns zu helfen,
ist weit größer als der Wunsch,
den wir haben,
uns von ihm helfen zu lassen.

Don Bosco (1815–1888)

»Das war mein Schutzengel«

»Einen Engel wünsch ich mir. Gottes Nähe möcht' ich spüren. Guter Engel, komm zu mir, um mich zärtlich zu berühren.« So heißt es in einem kleinen Gedicht von Reinhard Bäcker. Wer wünscht sich nicht immer wieder einen guten Schutzengel? Wenn wir in einer großen Gefahr glücklich bewahrt wurden, dann sagen wir oft: »Das war mein Schutzengel. Er hat mich nicht verlassen.«

Auch die Bibel berichtet häufig von Schutzengeln, auch wenn der Begriff selbst nicht vorkommt. Einer dieser Engel war Raphael, von dem noch zu reden sein wird. Er war der Reisebegleiter des jungen Tobias und heilte seinen alten, erblindeten Vater.

Von den Engeln, die dem Menschen als Beschützer zur Seite stehen, heißt es im Buch der Psalmen: »Gott befiehlt seinen Engeln, dich zu behüten auf all deinen Wegen.« (Ps 91,11). Und im »Katholischen Katechismus« lesen wir: »Von der Kindheit an bis zum Tod umgeben die Engel mit ihrer Hut und Fürbitte das Leben des Menschen.«

Ein mir unbekannter Verfasser schreibt über seine Kindheit: »Da ich als Kind ein kleiner Träumer war, mußte der Engel mir zweimal im Straßenverkehr das Leben retten. Ich achtete auf meinem kleinen Fahrrad mehr auf den bunten Schmetterling in der Luft als auf den Gegenverkehr. So fand ich mich nach einem unfreiwilligen Salto mortale im Krankenhaus wieder. ›Du hast aber einen guten Schutzengel gehabt‹, sagte der Arzt, als ich aus dem Koma erwachte. ›Ja, das weiß ich‹, antwortete ich ihm. Neben dem guten Gefährten an meiner Seite gab es auch den bösen, der immer wieder versuchte, mich vom rechten Weg abzubringen, was der gute Begleiter jedoch meist zu verhindern wußte.«

Als Kinder haben wir oft mit den Eltern zum Schutzengel gebetet. Diese Gebete haben sich tief ins Gedächtnis eingeprägt und sind bis heute lebendig geblieben:

Heiliger Schutzengel mein,
laß mich dir empfohlen sein!
In allen Nöten steh mir bei
und halte mich von Sünden frei!
An diesem Tag, ich bitte dich,
beschütze und bewahre mich!

Beschütze heut, ich bitte dich,
du, heiliger Engel Gottes, mich!
Du hast mich lieb, ich liebe dich,
so soll es bleiben ewiglich.

Gott sendet seine Engel, um die Menschen zu schützen. Anselm Grün, Benediktiner aus Münsterschwarzach, schreibt in *50 Engel hat das Jahr:* »Es sind Engel, die uns zur Seite stehen. Es sind Engel, die uns bewachen. Es sind Engel, die uns im Traum verkünden, wohin unser Weg gehen sollte.«

Der mittelalterliche Schriftsteller Jacobus a Voragine (1230–1298) ermahnte die Menschen seiner Zeit, die Engel zu verehren, da sie unsere Hüter und Wächter seien. In seiner berühmten »Legenda aurea« (Goldene Regel) schreibt er: »Jeglichem Menschen sind zwei Engel zugegeben, ein böser, der ihn versucht, und ein guter, der ihn bewacht. Der gute Engel ist dem Menschen gesellt in seiner Geburt, schon in seiner Mutter Leib, und darnach, so er aus Mutterleib geboren ist, und bleibt bei ihm auch, so er zu Jahren kommt. In diesen dreien Zeiten ist die Hut des Engels dem Menschen gar not.«

Raphael – der Reisebegleiter

Der Erzengel Raphael begegnet uns in dem alttestamentlichen Buch Tobit. Der hebräische Name des Engels bedeutet wörtlich: »Gott heilt«. Gott hat Raphael dazu bestimmt, zu den Menschen zu gehen und sie vor Leiden zu bewahren. Die Geschichte von Raphael, der viele Monate lang den jungen Tobias auf einer Reise begleitet, zeigt dies auf anschauliche Weise.

Vor langer Zeit lebten im Volk der Israeliten ein Mann und eine Frau, die Tobit und Hanna hießen. Sie hatten einen Sohn mit dem Namen Tobias. Tobit und Hanna lebten wie viele andere Israeliten als Ausländer in einem fremden Land. Durch ein Unglück war Tobit erblindet.

Eines Tages erinnerte sich Tobit an eine Geldsumme, die er einmal auf einer Reise einem Freund zum Aufbewahren gegeben hatte. Dieser Freund wohnte in einem anderen Land. Tobit bat seinen Sohn, für ihn das Geld zu holen, weil sie es brauchten. Tobit wußte, daß es eine gefährliche Reise werden könnte, denn überall lauerten Räuber den Reisenden auf.

Deshalb suchte sich Tobias einen Reisegefährten. Er traf auf einen Mann, der sich Raphael nannte. Tobias mochte Raphael, und auch der Vater war mit ihm einverstanden. Als sie sich über den Begleiterlohn geeinigt hatten, segnete Tobit seinen Sohn und seinen Reisegefährten. Als die beiden dann fortgingen, weinte Hanna. Tobit tröstete sie: »Mach dir keine Sorgen! Du wirst ihn wiedersehen. Denn ein guter Engel begleitet ihn.«

Auf ihrer Reise kamen Tobias und Raphael an einen großen Fluß. Als Tobias im Fluß baden wollte, schoß ein Fisch aus dem Wasser und wollte ihn verschlingen. Raphael rief: »Pack ihn und wirf ihn ans Ufer! Schneide den

Fisch auf und nimm Herz, Leber und Galle heraus! Das sind gute Heilmittel.« Dann brieten sie den Fisch und aßen ihn auf.

Endlich kamen sie in eine Stadt, in der auch ein Freund des Vaters wohnte. Er hieß Raguel und hatte eine schöne Tochter, die Sara genannt wurde. Diese litt an einer Krankheit. Raphael und Tobias besuchten die Familie des Raguel. Sara gefiel Tobias so sehr, daß er Raguel und seine Frau Edna bat, ihm Sara zur Frau zu geben. Raphael heilte Sara mit der Fischleber und dem Fischherzen. Dann wurde ein prächtiges Hochzeitsfest gefeiert, vierzehn Tage lang.

Während dieser Zeit reiste Raphael weiter, um die Geldsumme für Tobit zu holen. Als er zurück war, bereiteten sie die Heimreise zu Tobit und Hanna vor. Raguel und Edna segneten Sara und Tobias und küßten sie. Dann reisten sie zusammen mit Raphael ab.

Eines Morgens saß die Mutter Hanna wie so oft am Weg und hielt Ausschau nach Tobias. Plötzlich erschrak sie freudig: Sie sah ihren Sohn kommen. Sie rief ihren Mann und lief dann den Reisenden stürmisch entgegen. Der blinde Tobit stolperte hinterher. Tobias konnte ihn gerade noch in seinen Armen auffangen. Auf Geheiß Raphaels strich er ihm von der Fischgalle auf die Augen, und sofort konnte Tobit wieder sehen. Laut dankte er Gott und fiel Tobias um den Hals. Nun erzählte Tobias, daß er geheiratet habe und stellte ihnen Sara vor. Hanna und Tobit hießen Sara herzlich willkommen und küßten sie.

Dann sprach Tobit zu Raphael: »Du warst ein guter Reisebegleiter. Nimm als Lohn die Hälfte von allem, was ihr mitgebracht habt!« Raphael sagte: »Lobt Gott! Ich bin Raphael, ein heiliger Engel.« Da erschraken sie und fielen voller Furcht vor ihm nieder. Er aber sagte zu ihnen: »Fürchtet euch nicht! Ich war der Begleitengel zu eurem Schutz und Segen. Gott war euch nahe.« Als sie wieder aufblickten, war der Engel verschwunden …

Diese liebenswerte Geschichte aus dem Buch Tobit hat dazu beigetragen, daß wir glauben, Gott habe jedem von uns einen Engel zu seinem Schutz gegeben. Gefahr droht uns vor allem durch die gefallenen Engel, die als böse Geister zur Abkehr von Gott verleiten wollen. Wer zu seinem Schutzengel betet, tut gut.
Die Schriftstellerin Maria Luise Thurmair schreibt (vgl. Gotteslob 607,1):

Laßt uns den Engel preisen,
der wie ein Bruder still
auf Erden mit uns reisen
und uns behüten will.
Er schaut in ewgen Freuden
das abendlose Licht
und will auch uns geleiten
vor Gottes Angesicht.

Der Erzengel Raphael wird gern als Schutzherr aller Reisenden angerufen; auch für die große Reise ins Jenseits gilt er als Beschützer. Ferner ist er der Patron der Apotheker, Bergleute, Dachdecker und Schiffsleute. Im Jahre 1871 wurde der sogenannte »Raphael-Verein« gegründet; er sollte katholischen Auswanderern Schutz geben.
Meist ist Raphael in Pilgerkleidung dargestellt; dabei trägt er typische Reiseattribute wie Flasche und Stab bei sich. Häufig wird er auch als Reisebegleiter des jungen Tobias (auch mit einem Fisch) dargestellt. So haben ihn fast alle großen Meister, vor allem der Renaissance (von Leonardo bis Tizian), dargestellt. Sein Fest legte Papst Benedikt XV. 1921 auf den 24. Oktober; seit 1969 gilt der gemeinsame Gedenktag mit Michael und Gabriel am 29. September.

Ein Engel beschützt Daniel in der Löwengrube*

Darius, ein mächtiger altpersischer König, erließ eines Tages folgendes Gesetz: »Dreißig Tage lang soll keiner zu irgend jemandem anders beten als zu mir, dem König Darius. Ich werde wie Gott sein, und jeder muß mich allein anbeten.«

»Was soll mit dem geschehen, der diesem Befehl nicht gehorcht?« fragten seine Fürsten. – »Ich werde ihn in die Löwengrube werfen«, sagte Darius, »und die Löwen werden ihn auffressen.« Das neue Gesetz wurde verkündet, und alle Menschen beteten zu Darius. Nur ein Mann gehorchte nicht. Er hieß Daniel. Dreimal am Tag öffnete er sein Fenster, das nach Jerusalem hin aufging, kniete nieder und betete zu Gott.

Als die Fürsten sahen, wie Daniel jeden Tag zu seinem Gott betete, gingen sie zum König. Sie sagten: »Großer König, Daniel gehorcht deinem Gesetz nicht. Er betet immer zu seinem Gott und nicht zu dir. Sollen wir ihn vor die Löwen werfen?«

König Darius war sehr traurig, denn Daniel war ein guter Mensch. Aber das Gesetz mußte eingehalten werden. Der König ließ Daniel zu sich kommen und sagte: »Daniel, möge dein Gott, zu dem du so oft betest, dich vor den Löwen schützen!«

Dann wurde Daniel zu der tiefen Grube gebracht, in der die wilden Löwen waren. Er wurde zu den brüllenden und hungrigen Tieren geworfen. Darauf wurde die Grube verschlossen.

Am nächsten Tag ging König Darius zu der Löwenhöhle. Er war sicher, daß Daniel gefressen worden war. Mit trauriger Stimme rief er: »Daniel, Diener Gottes, hat dein Gott dich vor den Löwen retten können?«

Dann hörte der König Daniels Stimme aus der tiefen Höhle: »Lang lebe der König! Mein Gott sandte in der Nacht seinen Engel. Er hielt den Löwen den Rachen zu, so daß mir diese kein Leid antaten.« Da freute sich der König sehr und befahl, Daniel aus der Grube zu holen.
Daniel kam unverletzt aus der Höhle, denn Gott hatte ihn beschützt. Darauf befahl König Darius, daß alle Menschen im Land dem Gott Daniels dienen sollten.

Nach Daniel 6,2–29

Ein Engel hilft den Männern im Feuerofen*

König Nebukadnezzar (1128/06 v. Chr.) ließ eines Tages in seinem Reiche ein goldenes Denkmal aufstellen; das Denkmal war 30 Meter hoch und drei Meter dick. Und er ließ ausrufen: »Wenn die Trompeten und Trommeln erschallen, müssen alle Menschen niederknien und das Denkmal anbeten.« Das Denkmal war aber ein Götzenbild.
Die Trommeln und Trompeten begannen zu lärmen: Da warfen sich alle Menschen zu Boden und beteten das Götzenbild an. Nur drei fromme Männer aus dem Volke Israel, die an den einen wahren Gott glaubten, fielen nicht nieder und beteten das goldene Denkmal nicht an.
Das wurde dem König gemeldet. Der König geriet in Zorn und ließ einen Feuerofen anheizen. Als er nachschaute, war ihm das Feuer noch nicht heiß genug; darum sprach er: »Heizt siebenmal stärker als sonst!« Da liefen die Diener, was sie konnten, holten Reisig, Pech und Harz und heizten den Feuerofen siebenmal so stark wie sonst, daß

die Flammen aus dem Feuerofen herausloderten, mehr als zwanzig Meter.
Dann sprach der König: »Fesselt die drei Männer und werft sie in den Feuerofen!« Es geschah. Mitten in den Flammen aber begannen die drei Männer umherzugehen und Gott ein lautes Loblied zu singen. Die Diener des Königs schürten unterdessen das Feuer unablässig weiter, so stark, daß die Hitze alle Leute, die zu nahe an den Ofen kamen, sofort verbrannte.
Zugleich mit den drei Männern war aber, so erzählt die Bibel, ein Engel Gottes in den Ofen herabgestiegen. Der Engel trieb die Flammen oben aus dem Ofen heraus. Er machte das Innere des Ofens kühl, und es war im Ofen nicht heiß, sondern so angenehm wie bei einem frischen Morgenwind am Meere. Das Feuer berührte die Männer nicht und fügte ihnen kein Leid zu.

Der König traute seinen Ohren nicht, als er draußen hörte, wie die Männer im Feuerofen sangen. Er schaute in den Ofen hinein und sah, daß die Männer noch am Leben waren. Er erschrak; am meisten aber erschrak er darüber, daß er jetzt vier Männer statt deren drei im Ofen umhergehen sah. »Waren es nicht drei Männer«, sprach er zu seinen Dienern, »die ihr in den Ofen geworfen habt?« Sie antworteten: »Gewiß, o König!« Der König: »Da sehe ich aber vier Männer im Feuer, und keiner von ihnen ist gefesselt. Der vierte, so wahr ich der König bin, sieht aus wie ein Göttersohn!« Und er trat vor den Ofen und rief die Männer heraus.
Die drei Männer kamen unversehrt aus dem Feuerofen, und wie sehr die Leute sie auch befühlten und an ihren Gewändern rochen: Sie hatten keine Spur des Feuers an sich. Der Engel aber war verschwunden.
Da sprach der König: »Gepriesen sei der Gott dieser Männer, der seinen Engel sandte und die Männer befreite, die

auf Gott vertraut haben!« Und er ließ die Männer frei und befahl, daß fortan keinem Menschen in seinem Reiche mehr ein Leid geschehen sollte, der den wahren Gott anbetete.

Nach Daniel 3,1–97

Die Engel der »Kleinen«*

Die Liebe Gottes gilt allen, auch und vor allem den Kleinen. Das hat Jesus uns gezeigt: Den Kleinen hat er sich besonders zugewandt. Mit »Kleine« sind in der Bibel nicht nur »kleine Kinder« gemeint, sondern alle, die gering geachtet werden, die hilflos und wehrlos sind, die keine Rechte haben: Sünder und Zöllner, Kranke und Arme, Aussätzige und Besessene, Hungrige und Niedrige.

Zachäus zum Beispiel, er war klein im wörtlichen und im bildlichen Sinne: Er war klein von Gestalt, darum stieg er auf einen Baum, um Jesus besser sehen zu können. Und er war »klein«, weil er den Zöllnerberuf ausübte, der damals bei den Juden ein verachteter Beruf war; denn die Zöllner arbeiteten mit den Römern, den Feinden, zusammen und knöpften obendrein noch den Leuten viel Geld ab.

Jesus hat uns gezeigt, daß es den Kleinen und Verachteten nicht hilft, wenn sie ausgestoßen werden, sondern nur, wenn man sich ihrer annimmt, sich mit ihnen an den Tisch setzt. Von dem Tage an, als Jesus sich mit Zachäus an den Tisch setzte, besserte Zachäus sein Leben und gab alles, was er den Leuten abgenommen hatte, vierfach zurück.

Einmal fragten die Leute: »Wer ist im Himmelreich der Größte?« Da rief Jesus ein Kind herbei, stellte es in ihre Mitte und sagte: »Das will ich euch sagen. Wenn ihr nicht umkehrt, anders werdet, ein neues Leben anfangt – wenn ihr nicht wie die Kinder werdet, könnt ihr nicht in das Himmelreich eingehen. Wer so klein sein kann wie dieses Kind, der ist im Himmelreich der Größte.«

Sollen die Erwachsenen also »so klein« werden wie Kinder, sollen sie singen, springen, schreien und durch die Straßen laufen, mit dem Ball spielen und auf dem Dreirad fahren? So meint Jesus es nicht. Er meint: Sie sollen so gut sein, so frei und offen, so voll Vertrauen und so ohne Falsch wie Kinder, ihr Leben sollte nicht von Geld-Raffen und Posten-Kriegen bestimmt sein, sondern von Hilfsbereitschaft, Güte und Fröhlichkeit.

Zuletzt sprach Jesus: »Hütet euch davor, eines von diesen Kleinen zu verachten! Denn ich sage euch: Ihre Engel im Himmel sehen stets das Angesicht meines himmlischen Vaters.« Seitdem wir dieses Wort von Jesus kennen, sagen wir: Alle Kleinen, ja alle Menschen haben einen »Schutz-Engel«.

Nach Matthäus 18,10–14

Gottes Engel behüten dich

Wer im Schutz des Höchsten wohnt
und ruht im Schatten des Allmächtigen,
der sagt zum Herrn:
»Du bist für mich Zuflucht und Burg,
mein Gott, dem ich vertraue.«

Er rettet dich aus der Schlinge des Jägers
und aus allem Verderben.
Er beschirmt dich mit seinen Flügeln,
unter seinen Schwingen findest du Zuflucht,
Schild und Schutz ist dir seine Treue.

Denn er befiehlt seinen Engeln,
dich zu behüten auf all deinen Wegen.
Sie tragen dich auf ihren Händen,
damit dein Fuß nicht an einen Stein stößt;
du schreitest über Löwen und Nattern,
trittst auf Löwen und Drachen.

Psalm 91,1–4.11–13

Jemand nahm mich bei der Hand

Im Sommer 1944, ich war damals Luftwaffenhelfer, half ich nach einem schweren Bombenangriff in meiner Heimatstadt Stettin zusammen mit meinem Klassenkameraden Manfred Farnung bei Löscharbeiten. Der Dachstuhl eines Verwaltungsgebäudes stand in Flammen. Mit Sand und Wasser gelang es uns, sie fast zu ersticken. Doch dann wurden sie durch den Feuersturm über der Stadt erneut angefacht und erfaßten bald das ganze Obergeschoß. Es war nichts mehr zu machen.

Manfred Farnung, der als Fernmelder ausgebildet war, sagte, er werde jetzt auf Leitungssuche gehen, und verschwand. Auch ich wollte aus dem brennenden Gebäude fort, wurde aber vom Hausmeister aufgehalten. Der Mann, ein Kriegsversehrter mit nur einem Bein, bat mich, Sachen aus seiner Dachgeschoßwohnung zu retten. Ich ging hinein, konnte aber vor lauter Rauch nichts sehen, so daß ich bald orientierungslos durch die Zimmer torkelte. Da tauchte neben mir eine Gestalt auf. Jemand nahm mich bei der Hand und führte mich zu einer hellen Stelle. Eine Tür ging auf, ich wankte ins Treppenhaus und stolperte nach draußen.
Abends wurde Manfred Farnung in der Flakbatterie vermißt. Ich entschuldigte ihn mit dem Hinweis, daß er vermutlich mit dem Überprüfen von Telefonleitungen beschäftigt sei.
Vier oder fünf Wochen später wurden in der Ruine des Hauses, das wir zu löschen versucht hatten, die verkohlten Reste eines Menschen und die Erkennungsmarke gefunden, die Manfred Farnung um den Hals getragen hatte. Er muß mir unbemerkt in die brennende Wohnung gefolgt sein. Nur er kann es gewesen sein, der mich zur rettenden Tür führte, bevor er in dem Rauch selber zusammenbrach. Er war 15, als er starb; genauso alt wie ich.

Winfried Maas

»Ich danke meinem Schutzengel« oder »Schwein gehabt«?

In einer fränkischen Zeitung erschien eines Tages eine Anzeige mit folgendem Wortlaut:

»Ich danke meinem Schutzengel und dem Opelfahrer, der am ... auf der Bundesstraße ... mein falsches Überholen durch geschicktes Bremsen ausgeglichen und mir das Leben gerettet hat.«
Drei Tage später erschien in derselben Zeitung an gleicher Stelle eine neue Anzeige mit dem Wortlaut:
»Noch mal Schwein gehabt! Der Opelfahrer.« –

»Ich danke meinem Schutzengel« oder »Schwein gehabt« – welche Anschauung vom Leben haben wir? Wenn wir das Leben als Geschenk von Gott ansehen und nicht als Ergebnis von Glück oder Unglück, werden wir dem »Geber aller Gaben« für den Schutzengel danken, den er uns Tag für Tag zur Seite stellt.

Der Engel bei Bolt an der Ecke

Der Engel bei Bolt an der Ecke,
der hat heute viel zu tun:
Die Kinder vom Stadtrandviertel,
die rennen auf raschen Schuhn.

Sie laufen hinter dem Ball her,
der Ball, der rollt und rollt.
Doch die Autos sieht nur der Engel,
der steht, wie gesagt, bei Bolt,

bei Bolt, dem Schuhwarenladen,
da steht der Engel und wacht.
Er schwingt seinen Stock und gibt auf
die spielenden Kinder acht.

Man weiß, er heißt Gottlieb Zille
und sieht auch genauso aus,
mit Bart und Zigarre und Brille:
der Rentner vom Hinterhaus.

Rudolf Otto Wiemer

Dem Schutzengel

O Engel mein, Schutzengel mein,
du Gottes Edelknabe,
laß mich dir anbefohlen sein,
so lang ich Odem habe.

Der Tag schleicht hin, die Nacht geht an,
dein Licht in mir laß scheinen,
zum Guten mich allzeit ermahn,
mein Herz zieh nach dem deinen.

Das bitt ich durch die Lieb zu mir,
laß dieser mich genießen,
zur Lieb bin ich verbunden dir,
in Lieb will ich beschließen.

Aus »Des Knaben Wunderhorn«

Engel schweben auf und nieder

Engel schweben auf und nieder,
uns in Tönen zu erlaben,
welch ein himmlischer Gesang!
In den Gruben, in den Graben
wäre da dem Kinde bang?

Diese sanften frommen Lieder
lassen Unglück nicht heran;
Engel schweben hin und wieder,
und so ist es schon getan.

Johann Wolfgang von Goethe (1749–1832)

Der Engel in dir

Der Engel in dir
freut sich über dein
Licht

weint über deine Finsternis

Aus seinen Flügeln rauschen
Liebesworte
Gedichte Liebkosungen

Er bewacht
deinen Weg

Lenkt deinen Schritt
engelwärts

Rose Ausländer

An meinen Schutzengel

Den Namen weiß ich nicht. Doch du bist einer
Der Engel aus dem himmlischen Quartett,
Das einstmals, als ich kleiner war und reiner,
Allnächtlich Wache hielt an meinem Bett.

Wie du auch heißt – seit vielen Jahren schon
Hältst du die Schwingen über mich gebreitet
Und hast, der Toren guter Schutzpatron,
Durch Wasser und durch Feuer mich geleitet.

Du halfst dem Taugenichts, als er zu spät
Das Einmaleins der Lebensschule lernte.
Und meine Saat, mit Bangen ausgesät,
Ging auf und wurde unverhofft zur Ernte.

Seit langem bin ich tief in deiner Schuld.
Verzeih mir noch die eine – letzte – Bitte:
Erstrecke deine himmlische Geduld
Auch auf mein Kind und lenke seine Schritte.

Er ist mein Sohn. Das heißt: er ist gefährdet.
Sei um ihn tags, behüte seinen Schlaf.
Und füg es, daß mein liebes schwarzes Schaf
Sich dann und wann ein wenig weiß gebärdet.

Gib du dem kleinen Träumer das Geleit.
Hilf ihm vor Gott und vor der Welt bestehen.
Und bleibt dir dann noch etwas freie Zeit,
Magst du bei mir auch nach dem Rechten sehen.

Mascha Kaléko

Schutzengel-Gebete

Heiliger Schutzengel,
Gottes liebende Sorge hat dich
mir zum Begleiter gegeben.
Du bist sein Anruf an mein Gewissen:
verhilf mir zu klarer Entscheidung!
Du bist seine führende Hand:
bleibe bei mir bei Tag und Nacht!
Du bist sein machtvoller Arm:
kämpfe mit mir für sein Reich!

Gotteslob 34,1

Gottes Engel, zum Begleiter
hat dich Gott für mich bestellt;
sei vor mir als Wegbereiter
auf den Straßen dieser Welt!

Gottes Engel, vor dem Throne
schaust du Gottes Angesicht,
lobst den Vater mit dem Sohne
und dem Geist im ewgen Licht.

Gotteslob 958 (Text: Gottfried Amberg, 1975)

Schutzengel, lieber Wächter mein

Schutzengel, lieber Wächter mein,
laß mich dir anbefohlen sein!
Am Tag und in der langen Nacht
halt über mir die stille Wacht!

Altes Schutzengelgebet

Dein heiliger Engel sei mit mir

Ich danke dir,
mein himmlischer Vater,
durch Jesum Christum,
deinen lieben Sohn,
daß du mich diese Nacht
vor allem Schaden und Gefahr
behütet hast,
und bitte dich,
du wollest mich diesen Tag
auch behüten
vor Sünden und allem Übel,
daß dir all mein Tun und Leben gefalle.
Denn ich befehle mich,
meinen Leib und meine Seele
und alles in deine Hände.
Dein heiliger Engel sei mit mir,
daß der böse Feind
keine Macht an mir finde.

Luthers Morgensegen

Es segne mich mein Schutzengel …

Es segne mich die Allmacht des Vaters,
die Weisheit des Sohnes
und die Liebe des Heiligen Geistes.
Es segne mich der Gekreuzigte –
durch sein kostbares Blut.
Es segne mich der Herr vom Tabernakel aus –
durch die Liebe seines göttlichen Herzens.
Es segne mich vom Himmel her Maria,
die himmlische Mutter und Königin.

Es segnen mich mein Schutzengel
und alle anderen Engel des Himmels.
Es segnen mich meine Namens- und Taufpatrone
und alle anderen Heiligen der Kirche.
Es segnen mich die Seelen meiner
verstorbenen Verwandten –
bis in die fernsten Geschlechter.
Sie alle mögen meine Fürsprecher sein
vor Gottes Thron,
damit auch ich das ewige Ziel erreiche –
im Namen des Vaters,
des Sohnes
und des Heiligen Geistes.

Gebet »Zu den sieben Zufluchten«
(Schloßkapelle in Bad Wurzach)

… daß sie uns behüten

Gott, in deiner Vorsehung sorgst du für alles, was du erschaffen hast. Sende uns deine heiligen Engel zu Hilfe, daß sie uns behüten auf allen unseren Wegen, und gib uns in der Gemeinschaft mit ihnen deine ewige Freude.

Tagesgebet am Schutzengelfest, 2. Oktober

O Engel rein

O Engel rein, o Schützer mein,
Laß mich dir stets befohlen sein.
Bei jedem Schritt, bei jedem Tritt
Geh du, mein lieber Engel, mit.

Wo ich auch geh' und wo ich steh'
Sei du, mein Engel, in der Näh',
Vor der Gefahr zur Sünd' bewahr
Mich heil'ger Engel immerdar. Amen.

Altes Schutzengelgebet

Engel-Gebet

O Herr,
laß meinen Engel,
deinen guten Diener
mir zur Rechten
und zur Linken,
vor und hinter mir,
über und unter mir,
laß ihn um mich sein,
daß er die bösen Geister vertreibe.
Amen.

Überliefert

Irischer Segenswunsch

Lege die Hand, Herr, unter mein Haupt;
laß dein Licht leuchten über mich.
Der Segen deiner Engel schütze mich
vom Scheitel bis zur Sohle.

Reisesegen

Ich dir nachsiehe
ich dir nachsende
mit meinen 5 Fingerlein
55 Engelein.

Aus dem Mittelalter

Zum Schmunzeln

Der Lebensretter

Frau Häberle trifft Frau Pfleiderer. »Stellen Sie sich vor, Frau Pfleiderer, gestern bin ich vor dem Hauptbahnhof um ein Haar unter ein Auto gekommen. Doch ich habe einen wunderbaren Schutzengel gehabt. Ein Mann hat mich im letzten Moment zurückgerissen. Ich habe vor Aufregung beinahe die Besinnung verloren. Ich konnte meinem Lebensretter noch gerade eine Mark in die Hand drücken.«
»So? Was hat er denn da gesagt?«
»Er hat mir fünfzig Pfennig wieder rausgegeben.«

Engel, die Gutes tun

Einen Engel erkennt man
immer erst,
wenn er vorübergegangen ist.

Martin Buber (1878–1965)

Ein Engel gibt Jesus Kraft

Eine Engel-Szene in der Bibel kann einem ganz besonders »unter die Haut« gehen. Es ist die Szene, wo Jesus im Garten Getsemani kniet, den Vater bittet, ihm in seiner ausweglosen Situation beizustehen, als ein Engel kommt und ihm Kraft gibt.

Es war kurz vor dem Osterfest, als Jesus auf den Ölberg ging. Da lief Judas zu den Feinden von Jesus und sagte zu ihnen: »Er ist auf dem Ölberg. Kommt, ich zeig ihn euch!« Während die Männer mit Schwertern und Knüppeln zum Ölberg schlichen, kniete Jesus unter den Ölbäumen und betete.
Jesus wußte, daß sie ihn nun bald gefangennehmen und töten würden. Darum flehte er zu Gott: »Vater, wenn du es willst, nimm diesen Kelch von mir! Aber nicht mein, sondern dein Wille geschehe!« Jesus bekam große Angst und betete noch mehr, er schwitzte und sein Schweiß fiel wie Blutstropfen auf die Erde.
Jesu Gebet hatte »Erfolg«. Gott schickte ihm einen Engel vom Himmel, und der Engel machte Jesus stark. Wörtlich heißt es beim Evangelisten Lukas: »Da erschien ihm ein Engel vom Himmel und gab ihm Kraft« (Lk 22,43).

Viele Künstler haben diese ergreifende Szene am Ölberg gemalt: Jesus kniet im Garten Getsemani und ist »zu Tode betrübt« (Mk 14,34). In Gedanken an die kommende Passion starrt er vor sich hin, ist handlungsunfähig, »wie gelähmt«. Er weiß: Allein schaffe ich es nicht. Die Einsamkeit ist zu groß. Darum bittet er den Vater, ihm in seiner Not zu helfen. Und dann kommt der helfende Engel. Jesus spürt seine Nähe und Zuwendung und wird wunderbar getröstet und gestärkt.

Die Ölbergszene regt zum Nachdenken an. Auch wir Menschen haben Angst. Angst ist im Leben des Menschen, auch des religiösen, »nichts Besonderes«. Keiner kann die Angst unterdrücken. Sie gehört zum Menschen wie das Gesicht zum Kopf, das Wasser zum Fisch oder die Räder zum Auto. Zeitweise läßt sie den Menschen in Ruhe, dann überfällt sie ihn, ungefragt und ungebeten.
Ist man der Angst gegenüber – oder überhaupt dem Leid gegenüber – machtlos? Zunächst scheint es so. Aber es scheint nur so. Die Ölbergszene zeigt uns, was das Leid lindern kann: »Da erschien ihm ein Engel vom Himmel und gab ihm Kraft.« So wie Jesus von einem Engel getröstet wurde, so können auch wir von einem Engel getröstet werden bzw. als Engel andere Menschen trösten.
Dieser »Engel« kann in den verschiedensten Gestalten kommen, in einem Freund, einer Freundin, in Vater und Mutter, in einem Arbeitskollegen, in einem Nachbarn, in einer Krankenschwester, einem Arzt, einem Pfarrer … Der Engel braucht nicht viel zu reden. Schon sein Dasein, seine Anwesenheit ist Geschenk.

Der Schriftsteller James Krüss drückt das Gesagte in einem kleinen Gedicht aus:

Jeder wünscht sich jeden Morgen
Irgend etwas – je nachdem.
Jeder hat seit jeher Sorgen.
Jeder jeweils sein Problem.

Jeder jagt nicht jede Beute.
Jeder tut nicht jede Pflicht.
Jemand freut sich jetzt und heute.
Jemand anders freut sich nicht.

Jemand lebt von seiner Feder.
Jemand anders lebt als Dieb.
Jedenfalls hat aber jeder
Jeweils irgend jemand lieb.

Jeder Garten ist nicht Eden.
Jedes Glas ist nicht voll Wein.
Jeder aber kann für jeden
Jederzeit ein Engel sein.

Ja, je lieber und je länger
Jeder jedem jederzeit
Jedes Glück wünscht, um so enger
Leben wir in Einigkeit.

Freilich – der sichtbare »Engel« muß mitleiden können. Dieses Mitleiden ist wirkliches Leiden, Teilhabe am Leiden eines anderen. »Machen« kann man so etwas nicht. Das vermag nur die Liebe. Jeder Liebende kommt in seinem Leben, wenn er ein Liebender bleibt, an einen Punkt, wo er seine Liebe im Mitleiden unter Beweis stellen muß.
Dieses Mitleiden läßt den Menschen Mensch werden und zum anderen hinübergehen, so daß er erfährt: Man ist eben nur zu zweit ein ganzer Mensch ... Der Bericht eines Freundes mag das Gesagte verdeutlichen:

»Ich besuchte ein krankes Kind. Ich kam gleichzeitig mit dem Arzt, der sich entschloß, an Ort und Stelle einen kleinen chirurgischen Eingriff vorzunehmen. Man führte das Kind zu einem Stuhl nahe am Fenster. Seine Mutter stand an seiner Seite, Schulter an Schulter, Wange an Wange. Und ich beobachtete die Szene. Jedesmal, wenn der Arzt schnitt, machte das Kind eine Geste des Schmerzes, und die Mutter machte dieselbe Geste. Jedesmal, wenn das Kind einen Schmerzensschrei unterdrückte, unterdrückte die Mutter denselben Schmerzensschrei. Als die Operation beendet war, mußte man das kleine Mädchen schnell hinlegen, denn es war ganz blaß, und es ging ihm schlecht – und sehr bald mußte sich auch die Mutter hinlegen, denn sie war ganz blaß, und es ging ihr schlecht. – Damals« – so berichtet der Freund – »habe ich es begriffen: Wenn man liebt, leidet man das Leiden dessen, den man liebt.«

Übrigens: Dem Kind war geholfen, denn es war nicht allein. Der Mutter war geholfen: Sie hat sich selbst vergessen, ging – über sich selbst hinweg – zu ihrem Kind, und das ließ sie mindestens in diesem Augenblick sich selbst vergessen. Wie sagt doch der Schriftsteller Werner Bergengruen (1892–1964) in seiner »Himmlischen Rechenkunst«: »Jeder Schmerz entläßt dich reicher ...«

Zusammenfassend läßt sich sagen: Die Ölbergszene mit dem helfenden Engel macht deutlich: Es gibt eine Heilung durch Nähe, durch Zuneigung. Kaum einer, der dies nicht schon im Leben erfahren hat! Allein kann der Mensch sein Leid nicht meistern. Er braucht jemanden, der ihm hilft, wenn er Angst hat, niedergeschlagen ist oder nicht mehr weiter weiß.

Auch der Stärkste kann bisweilen sagen: »Ich kann nicht mehr. Ich bin am Boden zerstört, ich fürchte mich, bin ganz verzweifelt.« Aber er darf sicher sein: Der Vater läßt ihn nicht allein. Er schickt ihm einen »rettenden Engel«, wenn er ihn darum bittet!
Die Frage ist nur, wer dieser »rettende Engel« sein wird: Wirst »du« dieser Engel sein? Werde »ich« dieser Engel sein? Auch den Schriftsteller Wilhelm Willms bewegen diese Fragen, wenn er in einem Gedicht schreibt:

welcher engel wird uns sagen
daß das leben weitergeht

welcher engel wird wohl kommen
der den stein vom grabe hebt

wirst du für mich
werd ich für dich
der engel sein

Wie gut, daß es einen gibt, der uns in der finstersten Finsternis – und Finsternis ist nur ein anderer Ausdruck für alles Schwere und Bedrückende im Leben – versteht und hilft! Gott läßt uns vielleicht manchmal lange »hängen«, aber niemals »fallen«. Er ist die Verläßlichkeit in Person.

Das hat auch der Prophet Elija erfahren. Als er müde und traurig in der Wüste unter einem Ginsterstrauch lag, schickte Gott ihm einen Engel, der ihm Brot und Wasser brachte. Das erste Buch der Könige schildert die packende Geschichte von der Stärkung des Elija durch den Engel (1 Kön 19,1–13a):

Es gab bei den Israeliten, dem Volk Gottes, eine Zeit, in der die Menschen nicht auf Gott hörten. Sie taten vieles, was Gott nicht gefiel. Da kam Elija zu ihnen. Er war ein Prophet und liebte Gott sehr. Er kämpfte gegen die gottlosen Menschen und ihren König. Elija stritt mit seiner ganzen Kraft für Gott, doch er verlor den Kampf und mußte um sein Leben fürchten.
Da floh Elija in die Wüste. Müde und mutlos legte sich Elija unter einen Ginsterstrauch und betete zu Gott: »Nun ist es genug, Herr. Nimm mein Leben, denn ich bin nicht besser als meine Väter« (Vers 4). Dann schlief Elija ein. Da berührte ein Engel Gottes seinen Arm und sagte zu ihm: »Steh auf und iß!« (Vers 5). Elija sah neben sich Brot und

einen Krug Wasser. Er aß und trank und legte sich wieder schlafen.
Der Engel Gottes kam ein zweites Mal, rührte ihn an und sagte: »Steh auf und iß! Sonst ist der Weg zu weit für dich!« (Vers 7). Da stand Elija auf, aß und trank und machte sich auf den Weg. Durch die Speise des Engels gestärkt, wanderte er vierzig Tage und Nächte durch die Wüste bis zum Gottesberg Horeb.
Dort auf dem Berg geschah etwas Merkwürdiges: Es kam ein starker, heftiger Sturm und ein Erdbeben, doch Gott war nicht im Sturm und nicht im Erdbeben. Dann kam ein Feuer, doch Gott war auch nicht im Feuer. Schließlich kam ein sanfter, leiser Wind und Elija hörte Gottes Stimme …

Vielleicht schickt Gott auch uns einen rettenden Engel. Wenn wir wie Elija traurig und niedergeschlagen sind (und wer ist dies nicht hin und wieder?), können wir ihn um einen Engel bitten, der uns Brot und Wasser bringt und uns auf diese Weise Mut und Kraft für den weiteren Lebensweg gibt:

Guter und großer Gott!
Manchmal bin ich müde und traurig,
kraftlos und niedergeschlagen.
Dann geht es mir wie Elija.
Doch du hast Elija einen Engel geschickt,
er hat ihm Brot und Wasser gebracht
und ihn wunderbar gestärkt.
Ich bitte dich:
Schick auch mir deinen heiligen Engel,
damit er mir Mut und Kraft gibt
und mich auf meinem Weg begleitet!

Engel sind stets gefragt

Sie leben mitten unter uns, die Engel, und wir sehen sie häufig nicht. Unentdeckt, unerkannt, weil im Gewand des Alltags lebend; ganz normal, selbstlos, still und bescheiden; etwa als Mutter, als Krankenschwester oder Arzt, als jemand, die irgendwo in einer Fabrik oder im Büro arbeitet …

Wenn wir unsere Augen aufmachten, würden wir wahrscheinlich mehr Engel entdecken, als gemeinhin angenommen wird. Etwa dort, wo jemand jahrzehntelang einen Kranken pflegt, einen älteren Menschen annimmt, einem Verzweifelten Mut macht – nicht nur aus Liebe zu den Menschen, sondern aus der Kraft des Glaubens an Gott.

Solche Engel sind stets gefragt, sind notwendig – auch heute. Vielleicht gerade heute.

Der »Engel der Armen«

Der Priester Klemens Maria Hofbauer (1751–1820) wurde der Apostel Wiens genannt. Besonders bekannt wurde er durch seine große Liebe zu den Bedürftigen, so daß man ihn auch den »Engel der Armen« hieß. Selbstlos bettelte er sich das Geld zusammen, das er für die Notleidenden brauchte.

Eines Abends ging er wieder in eine Gaststätte. Tisch für Tisch sprach er die Gäste freundlich an und bat um eine kleine Gabe für die Armen. Dabei geriet er an einen groben Menschen, der alles haßte, was mit der Kirche zu tun hatte.

Der schrie Hofbauer an: »Wie kommen Sie dazu, mich um

Geld zu bitten?« Und er spuckte dem Priester verächtlich ins Gesicht.
Der zog sein Taschentuch heraus, wischte sich das Gesicht sauber und wandte sich dann ganz freundlich noch einmal an den Mann: »Das war für mich. Aber nun geben Sie mir doch bitte etwas für die Armen!« Dabei hielt er ihm erneut den Hut hin.
Der Gast soll von dem »Engel der Armen« so beeindruckt gewesen sein, daß er ihm den ganzen Inhalt seiner Geldbörse in den Hut schüttelte.

Der Weg zum Himmel

Zu den Wunderdingen, die man einem Rabbi nachsagte, gehörte auch, daß er jeden Morgen vor dem Gebet als Engel zum Himmel aufsteige. Ein Spötter wollte das nicht glauben und legte sich auf die Lauer, um den Rabbi am Morgen zu beobachten.

Er sah, wie der Rabbi in der Kleidung eines Holzknechts in den Wald ging, dort Holz fällte und in Stücke hackte, es sich auf den Rücken lud und es in das Haus einer alten, kränklichen Frau schleppte. Der Spötter sah durch das Fenster, wie der Rabbi auf dem Boden kniete und Feuer machte.

Später fragten die Leute den Spötter, ob das wahr sei mit der Auffahrt zum Himmel. Er sagte: »Zum Himmel? Er steigt höher als bis zum Himmel!«

An die Höhe Gottes reichen wir nie heran. Aber wir können uns als »Engel« zu seinen Menschenkindern in Not beugen. Dort werden wir Gott begegnen.

»Wo Mutter ein Engel gewesen war«

Friedrich von Bodelschwingh (1831–1910), evangelischer Theologe und Leiter der Anstalten für Behinderte in Bethel, erzählt aus seiner Kindheit:

Als im Herbst das Obst reif an den Bäumen im Garten hing, hatte uns der Vater streng verboten, auf die Bäume zu klettern. Wir durften nur von den heruntergefallenen Früchten essen. Aber einmal hatte ich das Verbot doch übertreten und war heimlich auf einen Baum geklettert. Dabei zerriß ich mir unglücklich den Hosenboden. Heimlich schlich ich mich mit einem bösen Gewissen nach Hause. Dabei drehte ich mich immer so geschickt, daß keiner den Schaden entdecken konnte.
Nach dem Abendbrot ging ich in mein Zimmer; besah dort erst richtig voll Entsetzen die zerrissene Hose und legte sie zuunterst auf den Stuhl, alle anderen Kleidungsstücke geschickt darüber. Dann kniete ich am Bett nieder, um mein Abendgebet zu sprechen: »Lieber Gott, ich bin heute ungehorsam gewesen. Vergib es mir doch und mach, daß morgen früh meine Hose wieder heil ist.«
In diesem Augenblick ging meine Mutter an der Kinderzimmertür vorbei, blieb einen Augenblick stehen und hörte mein Gebet. Dann ging sie lächelnd weiter. Dem Vater sagte sie nichts. Sie wollte eine Handlangerin Gottes sein. Als ich fest eingeschlafen war, nahm sie die zerrissene Hose und machte sie wieder heil. Dann legte sie die Hose so hin, wie sie unter dem Berg von Kleidern gelegen hatte.
Als ich am nächsten Morgen erwachte, war mein erster Griff nach der Hose. Welch ein Wunder, die Hose war wieder in Ordnung! – Ich weiß noch wie heute, daß dieses Er-

lebnis, wo Mutter ein Engel gewesen war, meinen Kinderglauben mächtig stärkte.

Friedrich von Bodelschwingh

Die alte Frau und der Lagerkommandant

Eine alte lettische Frau nahm sich 1945 deutscher Soldaten an, die in sowjetische Kriegsgefangenschaft geraten waren. Sooft sie es konnte, ließ sie ihnen ein Stück Brot zukommen. Dabei wurde sie eines Tages erwischt. Sie wurde vor den sowjetischen Lagerchef zitiert. Der fuhr sie schroff an: »Hast du nicht gelesen, daß es strengstens verboten ist, den Kriegsgefangenen Lebensmittel zu geben?«
Die alte Frau nickte gelassen, ehe sie antwortete: »Herr Lagerkommandant, ich habe nicht irgendwelche Lebensmittel gegeben, ich habe Brot gereicht!«
Das sei ja schließlich einerlei, fauchte der Mächtige zurück: »Sag, hast du gewußt, daß es verboten ist, ja oder nein?«
Die alte lettische Frau überlegte einen Moment, ehe sie antwortete, dabei dem Lagerchef direkt in die Augen blickend: »Ich habe gelesen, daß angeschrieben steht, es sei verboten. Aber man darf nicht verbieten, unglücklichen Menschen zu helfen!«
Der Russe, jetzt gefährlich leise, fragte zurück: »Heißt das, daß du ihnen auch weiterhin Brot geben wirst?«
Die alte Frau sah ihm erneut in die Augen: »Genosse Direktor, hören Sie mir bitte mal ganz gut zu. Als die Deutschen die Herren waren, brachten sie russische Kriegsgefangene hierher zur Arbeit. Die litten große Not, und ich habe ihnen Brot gegeben. Dann brachten sie Juden hierher, die hatten auch großen Hunger, und ich habe ihnen

Brot gegeben. Jetzt sind die Deutschen die Unglücklichen und leiden Hunger, und ich gebe ihnen Brot. Und wenn Sie, Genosse Direktor, eines Tages das Unglück haben sollten, Gefangener zu werden und Hunger zu leiden, dann werde ich auch Ihnen Brot reichen!«
Die alte Frau ließ den Lagerchef stehen, drehte sich um und ging. Der Russe unternahm nichts gegen sie …

Gustav Heinemann (1899–1976)

Vom Engel, der am Weihnachtsabend weinte

Als die Menge der himmlischen Heerscharen schon unterwegs zur Geburt des Kindes war, blieb ein einsamer Engel noch eine Weile in der Höhe zurück. Das sollte ihn teuer zu stehen kommen.
Er fühlte sich in der himmlischen Einsamkeit wohl und zog in großen Bewegungen dahin. Dabei gelangte er zum »Palast der tiefsten Geheimnisse«. Er spürte es erst, als er in der Nähe war und ein unbekannter Sog ihn immer mehr gefangennahm. Da blickte er auf und sah den Palast. Er war unbewacht und stand weit offen. Alle seine Wächter waren auf dem Weg zur Erde, um dort das schönste Geheimnis der Menschwerdung mit eigenen Augen anzusehen. Was gab es da noch Weiteres zu bewachen und zu verbergen, wenn es doch jetzt aller Welt sichtbar werden sollte?
Das Geheimnis aus der Höhe begann jetzt eben in der Tiefe zu atmen und dazusein. So war der Palast unbewacht und schien leer. Dennoch ging eine seltsame Kraft von ihm aus und ließ dem einsamen Engel keine Ruhe. Er fühlte sich immer näher hingezogen und konnte der Kraft nicht mehr ausweichen. Zwar haben auch Engel ihre Be-

fehle und fühlen sich mit ihnen eins. Bei ihnen gibt es keine Kluft zwischen Müssen und Können wie bei uns. Aber für dieses Mal siegte doch die Neugierde, und es gelüstete ihn, in alles hineinzublicken. Er trat in den offenen Palast und folgte den spiralförmig angelegten Gängen, die ihn immer tiefer nach innen führten. An ihren Wänden sah er Bilder und Zeichen, die ihn an vieles erinnerten, was er schon gehört hatte. Anderes wieder war ihm unbekannt und undurchschaubar. Da waren die Urbilder der Schöpfung, die Gesetze und Kräfte alles Lebendigen, Töne, Farben und Formen, da waren die vielen Grundrisse der Geschichte in der Natur und bei den Menschen. Sie standen nicht erstarrt da, sondern bewegten sich unaufhörlich, als ob gerade jetzt wieder Neues entstünde. Weiter innen flossen die Gestalten des menschlichen Zusammenlebens immer neu ineinander, und alles strömte Lust und Leben aus. Dann kamen die Gänge des göttlichen Rufes, der durch alle Welt hin hallte. Dort schwebten die Hoffnungen der Menschen, die Ahnungen der Seher und die Weissagungen der Propheten.

Und dann, nach einer letzten Krümmung des Weges, stand er vor dem Innersten, vor der Herzkammer der göttlichen Geheimnisse. Gott selber konnte er nicht sehen. Denn Er ist mehr als die Summe seiner Geheimnisse. Aber was er sah, durchfuhr ihn bis zuinnerst. Da waren drei Bilder ineinander verwoben. Er sah die Geburt eines Kindes, als ob es jetzt geschähe. Und er sah den Tod eines Mannes, und der Mann hatte dieselben Züge wie das Kind. Und zwischen beiden stand wie eine Gestalt mit zwei Armen die Liebe. Aber plötzlich flossen die Bilder ineinander über, und er sah den Tod des Kindes und die Geburt des Mannes und das schreckliche Gesicht der Liebe. Er schrie entsetzt auf und fiel zu Boden.

Als er wieder zu sich kam, taumelte er durch die Gänge zurück. Überall stieß er an die Wände, und ihm war, als ob ihm von allen Seiten nur Bilder von Schrecken und Tod entgegenströmten. Die Weissagungen tönten dumpf und drohend, die Hoffnungen zerfielen, die Rufe verhallten, die Gemeinschaften zerbrachen, Menschen und Völker welkten dahin, die Natur litt zu Tode, und die Schöpfung barst auseinander. Ihm war, daß auch in seinem eigenen Innern etwas zerbrochen war. Sosehr er sich auch bemühte, das ursprüngliche Bild der Liebe zurückzurufen, es gelang ihm nicht.

Sogar als er wieder im Freien war, wurde ihm nicht besser. Auch der Himmel schien ihm gestört zu sein, und die Einsamkeit zermalmte ihn fast. Da durchfuhr es ihn plötzlich: »Ich muß es dem Kind sagen. Ich muß es warnen und beschützen.« So schnell er konnte, fuhr er zur Erde nieder. Je näher er ihr kam, desto stärker wurde der Gesang der lobenden Heerscharen. Er drängte sich keuchend durch den Jubel hindurch, und es gelang ihm, bis in die Nähe des Kindes vorzustoßen. Da lag es, wie er es eben gesehen hatte, und über seinem Gesicht stand lächelnd die Liebe. Er versuchte mitzulächeln, aber er vermochte es nicht. Und während er noch schaute, verwandelte sich das Bild, und er sah das Ende. »Ich komme zu spät«, flüsterte er erschrocken, und eine abgrundtiefe Traurigkeit befiel ihn. So stand er und starrte, bis ihn ein anderer Engel fragte: »Warum weinst du?« Er konnte nicht antworten. Da sagte sein himmlischer Gefährte: »Du hast gewiß etwas Trauriges erlebt. Schau doch auf das Kind in der Krippe, und du wirst froh werden!« Der Engel antwortete: »Ich sehe kein Kind in der Krippe. Ich sehe einen Mann im Sarg.« Da schüttelte der fröhliche Engel hilflos den Kopf und wandte sich singend ab.

Andere traten herzu und blickten strahlend auf das Kind. Der traurige Engel aber stand da und weinte. Er merkte nicht, daß seine Tränen auf das Kind niedertropften. Ein anderer, auch ein fröhlicher, sah es, unterbrach sein Lied und sagte halb freundlich, halb unwillig: »Wir alle haben unsere Sorgen mit den Menschen. Ich verstehe dich. Aber du darfst doch dieses Kind nicht mit dem Kummer der menschlichen Not taufen. Freue dich jetzt mit uns. Zum Trauern ist noch genug Zeit. Singe mit uns, du hast eine so schöne tiefe Stimme!« Doch der Engel schaute ihn nur traurig an und blieb stumm. Da antwortete der andere: »Ah, du willst nicht? Dann gib uns anderen wenigstens deinen Platz an der Krippe frei. Wir wollen uns jetzt freuen. Du verdirbst uns nur das Fest.« Und sie drängten ihn fröhlich, aber langsam nach hinten. So wurde es inmitten der Menge der himmlischen Heerscharen einsam um ihn her. Er ließ sich niedersinken und blieb betrübt sitzen. Der Jubel flutete an ihm vorüber.

Endlich nahte sich ein hoher Engel und nahm ihn unter seine Fittiche. Er fragte ihn: »Warum freust du dich nicht? Das ist die schönste Stunde aller Ewigkeiten und Zeiten. Hast du das Kind nicht gesehen?« Er flüsterte: »Ich habe es gesehen. Aber ich habe auch den Tod des Mannes gesehen. Wir stehen vor der schrecklichsten Stunde aller Zeiten.«

Da erhob sich der hohe Engel zu seiner ganzen Höhe und sagte: »Du warst im ›Palast der tiefsten Geheimnisse‹ und hast geschaut, was nur die erlesenen Auserwählten sehen dürfen. Du bist ein Wissender geworden. Wissende aber müssen leiden. Je größer das Wissen, desto stärker der Schmerz. Das kann dir niemand abnehmen. Das wirst du von jetzt an zu tragen haben, solange Liebe sterben muß, um Leben zu geben.«

»Wird man mich strafen?« fragte der traurige Engel scheu. Der hohe Engel antwortete: »Der Himmel straft nicht. Das solltest du doch wissen. Er gibt nur neue Aufgaben. Höre: du wirst in dieser Nacht überall Menschen aufsuchen, die an sich und an der Welt leiden. Nicht alles Leid ist vorbestimmt, wie du meinst. Geh und suche, wo du Leid abwenden kannst. Du wirst die Menschen ermutigen, auszuharren. Du wirst ihre Herzen öffnen für neue Zuversicht und ihre Hände stärken zu neuen Taten. Du wirst ihnen zeigen, daß die Liebe größer ist als das Leben und stärker als der Tod. Ich sende dich. Geh!«

Da erhob sich der traurige Engel und ging.

Wieder zog er einsam seines Weges. Aber er blieb nicht lange allein. Schon bald stürzte das Elend der Welt auf ihn ein. Denn weil sich alle Himmlischen um das Kind in der Krippe scharten, waren die Lebensträume der Menschen völlig engellos geworden. Und so stand der einzige himmlische Bote auf einmal der unverhüllten Not gegenüber, wie er sie noch nie erlebt hatte.

Er vergaß alles, was in ihm war, und fing an zu helfen, zu heilen und zu trösten. Er linderte Schmerzen und zog das Gift aus den Wunden der Seelen und der Leiber. Er versenkte in Schlaf, wer vor Kummer nicht schlafen konnte. Er ermutigte, wer verzweifeln wollte. Er tröstete die Trauernden, die nicht vergessen konnten, und mischte den Weinenden ein zaghaftes Lächeln unter die Tränen. Er zeigte den suchenden Gedanken neue Lösungen und gab den verwirrten Trieben neue Kanäle. Er entwirrte den Knäuel der Gefühle, die um Haß und Rache kreisten, und gab ihnen eine versöhnliche Richtung. Aber das gab viel zu tun, er wurde vor Mühe grau im Gesicht.

Als er sah, daß das Elend kein Ende nahm und er fast nicht weiterkam, begann er, die Menschen selber zu beleben und füreinander einzuspannen. Er gab den Satten böse Träume, daß sie erwachten und über die Hungernden erschraken. Er beunruhigte die Friedlichen, daß sie auf einmal den Streit um sich her sahen und aufstanden, um Frieden zu stiften. Er erregte die Sanften, daß sie das Unrecht entdeckten und um Abhilfe kämpften. Er schüttelte die Gleichgültigen, daß ihnen die Augen aufgingen und sie die Not derer sahen, die neben ihnen lebten. Die Menschen wußten kaum, was ihnen geschah, und sagten zueinander: »Was für eine seltsame Nacht, in der die Unruhigen ruhig und die Ruhigen unruhig werden, in der Verzweifelte getröstet und die Getrösteten aufgeweckt werden. Es ist etwas Neues unter uns.« Der Engel arbeitete bis zum Morgengrauen. Dann flüsterte er: »Ich werde noch manche Nacht kommen, um zu trösten.« Und er verschwand. Er wußte noch nicht, daß er während der Nacht seinen Glanz verloren hatte. Von der vielen Arbeit und den vielen Berührungen mit dem Elend der Menschen war er ganz dunkel geworden.

Als er zum Kind zurückkam, war es um die Krippe still geworden. Die Engel hatten sich müde gejubelt und sich zurückgezogen oder schliefen. Auch die Mutter schlief und lächelte und weinte leise im Schlaf. Nur das Kind war wach und schaute dem dunklen Engel entgegen. Er kniete neben dem Kind nieder und erzählte ihm, was er in dieser Nacht bei den Menschen gesehen hatte. Und er erzählte ihm, daß die Liebe mehr ist als das Wissen und größer als das Leben und stärker als der Tod. Und das Kind hörte zu. Seither darf jeder, der am Weihnachtsabend von einem traurigen und dunklen Engel gestreift wird, wissen, daß er ihn mit dem Elend der Welt und mit dem Kind in der Krippe verbindet.

Werner Reiser

Ein Mensch, den man nicht vergisst
Ein Erlebnis

Undankbar wäre es, wollte ich den Menschen vergessen, der mich zwei der schwierigsten Dinge des Lebens gelehrt hat: einmal, aus völliger innerer Freiheit heraus sich der stärksten Macht der Welt, der Macht des Geldes, nicht unterzuordnen, und dann, unter seinen Mitmenschen zu leben, ohne sich auch nur einen einzigen Feind zu schaffen.

Ich lernte diesen einzigartigen Menschen auf ganz einfache Weise kennen. Eines Nachmittags – ich wohnte damals in einer Kleinstadt – nahm ich meinen Spaniel auf einen Spaziergang mit. Plötzlich begann der Hund sich recht merkwürdig zu gebärden. Er wälzte sich am Boden, scheuerte sich an den Bäumen und jaulte und knurrte dabei fortwährend.

Noch ganz verwundert darüber, was er nur haben könne, gewahrte ich, daß jemand neben mir ging – ein Mann von ungefähr dreißig Jahren, ärmlich gekleidet und ohne Kragen und Hut. Ein Bettler, dachte ich und war schon dabei, in die Tasche zu greifen. Aber der Fremde lächelte mich ganz ruhig mit seinen klaren blauen Augen an wie ein alter Bekannter.

»Dem armen Tier fehlt was«, sagte er und zeigte auf den Hund. »Komm mal her, wir werden das gleich haben.«

Dabei duzte er mich, als wären wir gute Freunde; aus seinem Wesen sprach eine solch warmherzige Freundlichkeit, daß ich gar keinen Anstoß an dieser Vertraulichkeit nahm. Ich folgte ihm zu einer Bank und setzte mich neben ihn. Er rief den Hund mit einem scharfen Pfiff heran.

Nun kommt das Merkwürdige: mein Kaspar, sonst Fremden gegenüber äußerst mißtrauisch, kam heran und legte gehorsam seinen Kopf auf die Knie des Unbekannten. Der machte sich daran, mit seinen langen, empfindsamen Fingern das Fell des Hundes zu untersuchen. Endlich ließ er ein befriedigtes »Aha« hören und nahm eine anscheinend recht schmerzhafte Operation vor: denn Kaspar jaulte mehrmals auf. Trotzdem machte er keine Miene wegzulaufen. Plötzlich ließ ihn der Mann wieder frei.

»Da haben wir's«, meinte er lachend und hielt etwas in die

Höhe. »Nun kannst du wieder springen, Hundchen.« Während sich der Hund davonmachte, erhob sich der Fremde, sagte mit einem Kopfnicken »Grüß Gott!« und ging seines Wegs. Er entfernte sich so rasch, daß ich nicht einmal daran denken konnte, ihm für seine Bemühungen etwas zu geben, geschweige denn mich bedankte. Mit der gleichen selbstverständlichen Bestimmtheit, mit der er aufgetaucht war, verschwand er wieder.

Zu Hause angelangt, mußte ich noch immer an das seltsame Gehabe des Mannes denken und berichtete meiner alten Köchin von der Begegnung.

»Das war Anton«, sagte sie. »Der hat ein Auge für solche Sachen.«

Ich fragte sie, was der Mann von Beruf sei und was er treibe, um seinen Lebensunterhalt zu verdienen.

Als sei meine Frage so erstaunlich, antwortete sie:

»Gar nichts. – Einen Beruf? Was sollte er auch mit einem Beruf?«

»Na, schön und gut«, meinte ich, »aber schließlich muß doch jeder von irgendeiner Beschäftigung leben?«

»Der Anton nicht«, sagte sie. »Dem gibt jeder von sich aus, was er nötig hat. Dem ist Geld ganz gleichgültig. Das braucht der gar nicht.«

Tatsächlich ein seltsamer Fall. In dieser kleinen Stadt, wie in jeder anderen kleinen Stadt auf der Welt, mußte man jedes Stück Brot und jedes Glas Bier mit Geld bezahlen. Man mußte sein Nachtquartier bezahlen und seine Kleidung. Wie brachte es dieser unscheinbare Mann in seinen abgerissenen Hosen fertig, ein so festgefügtes Gesetz zu umgehen und glücklich, frei von Sorgen dahinzuleben?

Ich beschloß, hinter das Geheimnis seines Tuns zu kommen und stellte dabei sehr bald fest, daß meine Köchin recht gehabt hatte. Dieser Anton hatte wirklich keine bestimmte Beschäftigung. Er begnügte sich damit, von früh bis abends in der Stadt umherzuschlendern – scheinbar ziellos –, aber mit seinen wachen Augen beobachtete er alles. So hielt er den Kutscher eines Wagens an und machte ihn darauf aufmerksam, daß sein Pferd schlecht angeschirrt sei. Oder er bemerkte, daß ein Pfosten in einem Zaun morsch geworden war. Dann rief er den Besitzer und riet ihm, den Zaun ausbessern zu lassen. Meistens übertrug man ihm dann die Arbeit; denn man wußte, daß er niemals aus Habgier Ratschläge erteilte, sondern aus aufrichtiger Freundlichkeit.

An wie vieler Leute Arbeit habe ich ihn nicht Hand anlegen sehen! Einmal fand ich ihn in einem Schusterladen Schuhe ausbessern, ein andermal als Aushilfskellner bei einer Gesellschaft, wieder ein andermal führte er Kinder spazieren. Und ich entdeckte, daß alle Leute sich in Notfällen an Anton wandten [...]

Man brauchte Anton nur auf der Straße zu sehen, um zu erkennen, auf welch besondere Art man ihn schätzte. Alle Welt grüßte ihn herzlich, jedermann gab ihm die Hand. Der einfache freimütige Mann in seinem schäbigen Anzug wandelte durch die Stadt wie ein Grundeigentümer, der mit großzügigem und freundlichem Wesen seine Besitzungen überwacht. Alle Türen standen ihm offen, und er konnte sich an jedem Tisch niederlassen, alles stand zu seiner Verfügung. Nie habe ich so gut begriffen, welche Macht ein Mensch ausüben kann, der nicht für morgen sorgt, sondern einfach auf Gott vertraut.

Ich muß ehrlich gestehen, daß es mich zuerst ärgerte, wenn der Anton nach der Sache mit dem Hund mich nur im Vorbeigehen mit einem kleinen Kopfnicken grüßte, als wäre ich ein beliebiger Fremder für ihn. Offensichtlich wünschte er keinen Dank für seinen kleinen Dienst. Ich aber fühlte mich durch diese höfliche Unbefangenheit aus einer großen und freundschaftlichen Gemeinschaft ausgeschlossen. Als nun eine Reparatur im Haus zu machen war – aus einer undichten Dachrinne tropfte

Wasser –, veranlaßte ich meine Köchin, Anton holen zu lassen.
»Den kann man nicht einfach holen. Er hält sich nie lange am gleichen Ort auf. Aber ich kann ihn benachrichtigen.« Das war ihre Antwort.
So erfuhr ich, daß dies sonderbare Menschenwesen gar kein Zuhause hatte. Trotzdem war nichts leichter, als ihn zu erreichen, eine Art drahtlose Telegraphie schien ihn mit der ganzen Stadt zu verbinden. Man konnte dem ersten Besten, den man traf, sagen: »Ich könnte jetzt den Anton gut brauchen.« Die Bestellung lief dann von Mund zu Mund, bis ihn zufällig jemand traf. Tatsächlich kam er auch noch am selben Nachmittag zu mir. Er ließ seinen prüfenden Blick rundherum gehen, meinte beim Gang durch den Garten, daß hier eine Hecke gestutzt werden müsse und dort ein junger Baum das Umpflanzen nötig hätte. Endlich sah er die Dachrinne an und machte sich an die Arbeit.
Nach zwei Stunden erklärte er, nun sei die Sache in Ordnung, und ging weg – wieder bevor ich ihm danken konnte. Aber diesmal hatte ich wenigstens die Köchin beauftragt, ihn anständig zu bezahlen. So erkundigte ich mich, ob Anton zufrieden gewesen sei.
»Aber natürlich«, gab sie zur Antwort, »der ist immer zufrieden. Ich wollte ihm sechs Schilling geben, aber er nahm nur zwei. Damit käme er für heute und morgen gut aus. Aber, wenn der Doktor vielleicht einen alten Mantel für ihn übrig hätte – meinte er.«
Ich kann nur schwer mein Vergnügen beschreiben, diesem Mann – übrigens dem ersten Menschen in meiner Bekanntschaft, der weniger nahm, als man ihm anbot – einen Wunsch erfüllen zu können. Ich rannte ihm nach.
»Anton, Anton«, rief ich den Abhang hinunter, »ich habe einen Mantel für dich!«
Wieder begegneten meine Augen seinem leuchtenden, ru-

higen Blick. Er war nicht im geringsten erstaunt, daß ich hinter ihm hergelaufen kam. Es war für ihn natürlich, daß ein Mensch, der einen überzähligen Mantel besaß, ihn einem andern schenkte, der ihn bitter nötig hatte.
Meine Köchin mußte nun alle meine alten Sachen heraussuchen. Anton sah den Haufen durch, nahm sich dann einen Mantel heraus, probierte ihn an und sagte ganz ruhig: »Der hier wäre recht für mich!«
Er hatte das mit der Miene eines Herrn gesagt, der in einem Geschäft aus vorgelegten Waren seine Auswahl trifft. Dann warf er noch einen Blick auf die anderen Kleidungsstücke.
»Diese Schuhe könntest du dem Fritz in der Salsergasse schenken, der braucht nötig ein Paar! Und die Hemden da dem Joseph aus der Hauptstraße, die könnte er sich richten. Wenn's dir recht ist, bringe ich die Sachen für dich hin.«
Dies brachte er im hochherzigen Ton eines Menschen vor, der einem eine Gunst erweist. Ich hatte das Gefühl, ihm dafür danken zu müssen, daß er meine Sachen an Leute verteilen wollte, die ich überhaupt nicht kannte. Er packte Schuhe und Hemden zusammen und fügte hinzu:
»Du bist wirklich ein anständiger Kerl, das alles so wegzuschenken!«
Und er verschwand. […]

Stefan Zweig (1881–1942)

Aber der Engel sagte

Zwei Lastkutscher kommen mit vollgeladenen Eselskarren daher. Die Wege sind verschlammt, und beide Karren fahren sich fest.

Einer der beiden Kutscher ist fromm. Er fällt dort im Schlamm auf die Knie und beginnt, Gott darum zu bitten, er möge ihm helfen. Er betet, betet, betet ohne Unterlaß und betrachtet dabei den Himmel.
Währenddessen flucht der andere wütend, arbeitet aber. Er sucht sich Äste und Zweige zusammen und legt sie unter die Räder. Er schlägt auf den Esel ein. Er schiebt am Karren. Er schimpft, was das Zeug hält.
Und da geschieht das Erstaunliche: Ein Engel steigt herab und kommt demjenigen zur Hilfe, der geflucht hat.
Der Mann wird ganz verwirrt und ruft aus: »Entschuldige, das muß ein Irrtum sein. Deine Hilfe gilt doch sicher dem anderen.«
Aber der Engel sagt: »Nein, sie gilt dir. Gott hilft dem, der arbeitet.«

nach Hélder Câmara

Einer, der kommt

Wenn einer kommt,
der dich tröstet,
weil du Kummer hast;
wenn einer kommt,
der dich streichelt,
weil du verzweifelt bist;
wenn einer kommt,
der dir hilft,
weil du krank bist –
dann war dies ein Engel!

Wo du Gott spürst

Weißt du,
wo der Ort ist,
an dem du Gott spürst? –
Wo ein Mensch freundlich zu den Fremden ist,
wo ein Mensch sein Haus öffnet
und ein Zimmer zum Ausruhen gibt.
Wo ein Mensch ein warmes Essen bereitet
und zum Diener des Nächsten wird.
Wo ein Mensch den Engel spürt,
der um ihn ist.

Hermine König

Hände wie deine …

Hände wie deine,
wie du sein Gesicht,
und blickt er dich an,
dann erkennst du ihn nicht.
Viel später fällt dir ein:
Das kann ein Engel,
wirklich ein Engel
gewesen sein!

Rolf Krenzer

Engel-Worte

Wenn Menschen Gutes tun,
können Engel schneller fliegen.

Sprichwort

So sehr verlangen wir zuweilen,
Engel zu werden,
daß wir ganz vergessen,
gute Menschen zu sein.

Franz von Sales

Wir sind Engel
mit nur einem Flügel.
Um fliegen zu können,
müssen wir uns umarmen.

Luciano de Crescenzo

Engel, die zum Himmel führen

Die Engel offenbaren sich –
allerdings nur jenen,
die sie anrufen.

Kardinal Charles Journet

Der Engel mit dem goldenen Schlüssel

Irgendwo waren diese Sätze zu lesen: »Der Apfel, der in der Vollreife am Baume hängt, kann nicht sagen: Nun bin ich endlich schön, nun hab' ich mein Ziel erreicht, nun laß mich doch noch eine Zeitlang hängen! Der Apfel wird nur reif, um sich zu lösen, nicht, um am Baume zu prangen. So ist es auch mit uns Menschen. Wir sind in erster Linie für Gott da und erst in zweiter Linie für die Welt. Wenn wir reif sind, dann holt uns der Engel heim zu Gott.« (Richard Gräf)

Für jeden von uns kommt der Tod, früher oder später. Der Tod ist ein Gesetz. »Alles muß sterben«, heißt es in der Heiligen Schrift (Sir 14,17). Ein winziges Blutgerinsel kann dem Leben innerhalb von Minuten ein Ende machen. Viele Christen glauben, daß auch in der Stunde ihres Todes ein Engel bei ihnen ist, der ihnen Geleit gibt in das andere, in das neue Leben bei Gott.

Von dem berühmten Erzbischof von Mailand und Gegenreformator Karl Borromäus (1538–1584) wird berichtet, er habe einst einem Künstler den Auftrag gegeben, ein Bild des Todes zu malen. Nach einiger Zeit übergab ihm der Maler eine Skizze. Er hatte den Tod dargestellt als Knochenskelett mit der Sense in der Hand. Aber damit war der Bischof nicht einverstanden. »So sollst du den Tod nicht malen«, erklärte er bestimmt, »stelle ihn dar als einen Engel mit einem goldenen Schlüssel in der Hand!«

Im Lukasevangelium erzählt Jesus von dem armen Lazarus, der vor der Tür des reichen Mannes liegt und der nur kümmerliche Abfälle vom Tisch des Reichen zu essen bekommt. Als aber der arme Lazarus stirbt, so erzählt Jesus, da »wurde er von den Engeln zu Abraham getragen und erhielt den Platz an seiner Seite« (Lk 16,22).

Im Matthäusevangelium heißt es vom letzten Gerichtstag, an dem Jesus Christus mit großer Macht und Herrlichkeit auf den Wolken des Himmels erscheinen wird: »Er wird seine Engel unter lautem Posaunenschall aussenden, und sie werden aus allen vier Windrichtungen die von ihm Auserwählten zusammenführen, von einem Ende des Himmels bis zum anderen« (Mt 24,31).

Eine dominierende Rolle im Endzeitgeschehen und in der Abwicklung der »letzten Dinge« spielt nach der Bibel und dem Volksglauben der eingangs genannte Erzengel Michael. Er soll der Anführer aller heiligen Engel sein, die die »Wiederkunft des Menschensohnes« in all seiner Herrlichkeit begleiten. Nach alter Auffassung trägt er dann die Christusinsignien: Kreuz, Dornenkrone und Speer im feierlichen Triumph. Später empfängt er die Seligen im Paradies.

Allahs Bote

Es gab einmal einen Scheich, den man den »Großen« nannte. Eines Tages stand ein junger Mann in seinem Zelt und grüßte ihn. »Wer bist du?« fragte der Scheich. »Ich bin Allahs Bote und werde der Engel des Todes genannt.« Der Scheich wurde ganz bleich vor Schrecken. »Was willst du von mir?« – »Ich soll dir sagen, daß dein letzter Tag gekommen ist. Mach dich bereit! Wenn morgen abend die Sonne untergeht, komme ich, um dich zu holen.«
Der Bote ging. Das Zelt war leer. Fröhlich klatschte der Scheich in die Hände und befahl einem Sklaven, das

schnellste und beste Kamel zu satteln. Er lächelte noch einmal, weil er an den Boten dachte, der morgen abend das Zelt leer finden würde.
Bald war der Scheich weit in der Wüste draußen. Er ritt die ganze Nacht und den ganzen Tag trotz der brennenden Sonne. Er gönnte sich keine Rast. Je weiter er kam, um so leichter war ihm ums Herz. Die Sonne war nicht mehr weit vom Rande der Wüste entfernt. Er sah die Oase, zu der er wollte.
Als die Sonne unterging, erreichte er die ersten Palmen. Jetzt war er weit, weit weg von seinem Zelt. Müde stieg er ab, lächelte und streichelte den Hals seines Tieres: »Gut gemacht, mein Freund!« Er führte sein müdes Tier zum Brunnen.
Doch am Brunnen saß ruhig wartend der Bote, der sich Engel des Todes genannt hatte, und sagte: »Gut, daß du da bist! Ich habe mich gewundert, daß ich dich hier, so weit entfernt von deinem Zelt, abholen sollte. Ich habe mit Sorge an den weiten Weg, an die brennende Sonne und dein hohes Alter gedacht. Du mußt sehr schnell geritten sein …«

Arabische Sage

Der Himmel

Es war einmal ein kleiner Heiliger, der hatte viele Jahre ein glückliches und zufriedenes Leben geführt. Als er eines Tages gerade in der Klosterküche beim Geschirrabwaschen war, kam ein Engel zu ihm und sprach: »Der Herr schickt mich zu dir und läßt dir sagen, daß es an der Zeit für dich sei, in die Ewigkeit einzugehen.«
»Ich danke dem Herrgott, daß er sich meiner erinnert«, erwiderte der kleine Heilige. »Aber du siehst ja, was für ein

Berg Geschirr hier noch abzuwaschen ist. Ich möchte nicht undankbar erscheinen, aber läßt sich das mit der Ewigkeit nicht noch so lange hinausschieben, bis ich hier fertig bin?«

Der Engel blickte ihn nach Engelsart weise und huldvoll an, sprach: »Ich werde sehen, was sich tun läßt«, und verschwand. Der kleine Heilige wandte sich wieder seinem Geschirrberg zu und danach auch noch allen möglichen anderen Dingen. Eines Tages machte er sich gerade mit einer Hacke im Garten zu schaffen, da erschien auf einmal wieder der Engel. Der Heilige wies mit der Hacke gartenauf und gartenab und sagte: »Sieh dir das Unkraut hier an! Kann die Ewigkeit nicht noch ein bißchen warten?« Der Engel lächelte und verschwand abermals.

Der Heilige jätete den Garten fertig, dann strich er die Scheune. So werkte er fort und fort, und die Zeit ging dahin ... Eines Tages pflegte er im Hospital die Kranken. Er hatte eben einem fiebernden Patienten einen Schluck kühlen Wassers eingeflößt, da sah er, als er aufblickte, wieder den Engel vor sich.

Dieses Mal breitete der Heilige nur mitleidheischend die Arme aus und lenkte mit den Augen des Engels Blicke von einem Krankenbett zum anderen. Der Engel verschwand ohne ein Wort.

Als der kleine Heilige sich an diesem Abend in seine Klosterzelle zurückzog und auf sein hartes Lager sank, sann er über den Engel nach und über die lange Zeit, die er ihn nun schon hingehalten hatte. Mit einemmal fühlte er sich schrecklich alt und müde, und er sprach: »O Herr, könntest du deinen Engel doch jetzt noch einmal schicken, er wäre mir sehr willkommen.«

Kaum hatte er geendet, stand der Engel schon da ... »Wenn du mich noch nimmst«, sagte der Heilige, »so bin ich nun bereit, in die Ewigkeit einzugehen!«

Der Engel blickte den Heiligen nach Engelart weise und huldvoll an und sprach: »Was glaubst du wohl, wo du die ganze Zeit gewesen bist?«

Albert Schweitzer (1875–1965)

Der Engel

Jedesmal, wenn ein gutes Kind stirbt, kommt ein Engel Gottes hernieder auf die Erde, nimmt das tote Kind in seine Arme, breitet die großen, weißen Flügel aus und fliegt über alle die Stätten hin, die das Kind liebgehabt hat, und pflückt eine ganze Handvoll Blumen, die er zum lieben Gott hinaufbringt, damit sie dort noch schöner als auf der Erde blühen. Der liebe Gott drückt alle Blumen an sein Herz, aber der Blume, die ihm die liebste ist, der gibt er einen Kuß, und dann bekommt sie eine Stimme und kann in der großen Glückseligkeit mitsingen.

Sieh, dies alles erzählte ein Engel Gottes, indem er ein totes Kind zum Himmel hinauftrug, und das Kind hörte es wie im Traum, und sie flogen über die Stätten in der Heimat dahin, wo das Kind gespielt hatte, und sie kamen durch Gärten mit schönen Blumen. »Welche wollen wir nun mitnehmen und in den Himmel pflanzen?« fragte der Engel.

Und da stand ein schlanker, wunderschöner Rosenstock, aber eine böse Hand hatte den Stamm geknickt, so daß alle Zweige voll großer, halb aufgebrochener Knospen welk herabhingen.

»Der arme Baum!« sagte das Kind. »Nimm den, damit er oben bei Gott zum Blühen kommen kann!«

Und der Engel nahm ihn und küßte das Kind dafür. Sie pflückten von den reichen Prachtblumen, nahmen aber auch die verachtete Goldblume und das wilde Stiefmütterchen mit.

»Nun haben wir Blumen!« sagte das Kind, und der Engel nickte, aber sie flogen noch nicht zu Gott empor. Es war Nacht, es war ganz still, sie blieben in der großen Stadt, sie schwebten durch eine der engsten Gassen, wo ganze Haufen Stroh, Asche und Kehricht lagen; es war Umzugstag gewesen. Der Engel zeigte in all diesem Durcheinander auf ein paar Scherben von einem Blumentopf und einen Klumpen Erde, der daraus herausgefallen war und von den Wurzeln einer großen verwelkten Herbstblume zusammengehalten wurde, die gar nichts mehr taugte und darum auf die Straße geworfen worden war.

»Die nehmen wir mit!« sagte der Engel, »ich will dir von der Blume erzählen, während wir fliegen.«

Und dann flogen sie, und der Engel erzählte: »Da unten in der engen Gasse in dem niedrigen Keller wohnte ein armer, kranker Knabe; von ganz klein auf war er immer bettlägerig gewesen, wenn er am allergesündesten war, konnte er auf Krücken ein paarmal in der kleinen Stube auf und nieder gehen, das war alles. An einigen Tagen im Sommer drangen die Sonnenstrahlen eine halbe Stunde lang bis auf den Flur des Kellers, und wenn der kleine Knabe dann dasaß und sich von der warmen Sonne bescheinen ließ, dann hieß es: Ja, heute ist er draußen gewesen! – Er kannte den Wald und sein schönes Frühlingsgrün nur dadurch, daß der Sohn des Nachbars ihm den ersten Buchenzweig brachte, und den hielt er über seinen Kopf und träumte dann, daß er unter Buchen sei, wo die Sonne scheine und die Vögel sängen. An einem Frühlingstage brachte der Sohn des Nachbars ihm auch Feldblumen, und zwischen diesen war zufällig eine mit Wurzeln, und darum wurde sie in einen Blumentopf gepflanzt und an das Fenster dicht am Bett gestellt. Und die Blume war von glücklicher Hand gepflanzt worden, sie wuchs, trieb neue Schöße und trug jedes Jahr ihre Blumen; sie wurde des kranken Knaben schönster Blumengarten, sein kleiner Schatz hier auf Erden; er begoß sie und pflegte sie und sorgte dafür, daß sie jeden Sonnenstrahl bekam bis zum allerletzten, der über das niedrige Fenster hinglitt; und die Blume selbst wuchs in seine Träume hinein, denn für ihn blühte sie, verbreitete ihren Duft und erfreute sein Auge, zu ihr wandte er sich im Tode, als der liebe Gott ihn rief. – Ein Jahr ist er nun bei Gott gewesen, ein Jahr hat die Blume vergessen am Fenster gestanden und ist verwelkt und daher beim Umzug in den Kehricht auf die Straße hinausgeworfen worden. Und das ist die Blume, die arme, vertrocknete Blume, die wir mit in unseren Blumenstrauß genommen haben, denn die Blume hat mehr Freude bereitet als die reichste Blume in dem Garten einer Königin!«

»Aber woher weißt du das alles?« fragte das Kind, das der Engel zum Himmel hinauftrug.

»Ich weiß es!« sagte der Engel. »Ich war ja selbst der kranke, kleine Knabe.« Und das Kind öffnete seine Augen ganz und sah in das schöne, frohe Antlitz des Engels hinein, und im selben Augenblick waren sie in Gottes Himmel, wo Freude und Glückseligkeit herrschte. Und der liebe Gott drückte das Kind an sein Herz, und da bekam es Flügel so wie der andere Engel und flog Hand in Hand mit ihm; und Gott drückte alle Blumen an sein Herz, aber die arme vertrocknete Feldblume küßte er, und sie bekam eine Stimme und sang mit allen Engeln, die Gott umschwebten. Und alle sangen sie, groß und klein, das gute, liebe Kind und die arme Feldblume, die vertrocknet in der engen, dunklen Gasse gelegen hatte.

Hans Christian Andersen (1805–1875)

Der Auftrag Gottes

Einst sandte Gott den Engel Michael auf die Erde. Er sollte die Seele einer armen Frau abholen, einer Witwe, die nur zwei Kinder hatte und sonst nichts.
Michael kam zur Witwe, doch als er die beiden Kleinen sah, überkam ihn großes Mitleid. Er kehrte sofort zu Gott in den Himmel zurück und sagte, wie leid es ihm sei, daß die Kinder nun sich selbst überlassen würden. Er habe es einfach nicht übers Herz gebracht, die Seele der armen Frau zu holen. – Darauf befahl Gottvater: »Steig hinab auf den Meeresgrund und hol einen Stein herauf!«
Michael tat, wie ihm befohlen wurde. Er brachte einen Stein zu Gott, den er aus dem Meer geholt hatte.
»Zerschlag jetzt den Stein!« sagte Gott zum Engel. Und der zerschlug den Stein und fand darin zwei winzige Würmer.
»Wer kümmert sich um diese Würmer im Stein?« fragte Gott den Engel. Der antwortete: »Du, Herr, Gott der Heerscharen!«
»Nun gut. Und jetzt wisse, daß ich mich auch um jene armen Kinder sorgen werde, die die arme Frau zurücklassen wird. Jetzt aber geh und verrichte die Arbeit, die ich dir aufgetragen habe!«

Serbische Legende

Der Engel

Das kleine Mädchen mit dem Stern auf der Stirn, das mit dem Tanz auf dem großen Gummiball, ist an der Reihe. Der Ball kommt hereingerollt, und hinter ihm läuft das kleine Mädchen mit dem Stern auf der Stirn. Ist das ein wunderschöner Stern! Leuchtend, glänzend. Und das kleine Mädchen, ein ganz niedliches, zartes Engelsgeschöpf mit (Wunder der modernen Technik) wunderhübschen, prächtigen kleinen Flügeln auf dem Rücken. Es macht eine solch reizende Verbeugung, daß die Zuschauermenge in Beifall ausbricht.

Jetzt macht es sich bereit, auf den Ball zu steigen. Gedämpft fängt die Musik an zu spielen, während die Lichter ausgehen. Nur ein Scheinwerfer beleuchtet das kleine Mädchen mit dem Stern auf der Stirn, und alle sehen es hingerissen an. Manch einer hat es bereits lieb, manch anderer, der das Kunststück schon anderswo gesehen hat, staunt, wie sich das kleine Mädchen in einem Jahr ein solch engelhaftes Gesicht zugelegt hat (Wunder der Schminkkunst; so jung und schon so erfahren in der Kunst des Sichzurechtmachens). – Es springt auf den Ball, der auf den Schub davonrollt, und tanzt, wie man in dieser Stadt nie zuvor und keiner der Zuschauer je zuvor hat tanzen sehen. Es fliegt ja beinah wie ein Engel. Und unendlich weich, zärtlich begleitet es die Musik zu dem zauberischen Tanz.

Schließlich rollt der Ball mitten in der Arena aus, und die Musik hört auf zu spielen. Die Menge will stürmisch Beifall klatschen und wartet darauf, daß das kleine Mädchen mit dem Stern auf der Stirn auf den Boden springt. Statt dessen aber schlägt die kleine Tänzerin mit den Flügeln, erhebt sich langsam und sicher zum Flug, steigt hinauf bis zu dem Kronleuchter in der Mitte und fliegt durch den großen Schlitz davon, während Beifallsgewogen aufbrausen und das Jubelgeschrei die Zirkuspfeiler erzittern läßt. Die Menge ist ganz außer sich vor Begeisterung und will eine Zugabe: Man möchte ihr doch wenigstens das letzte Stück Flug, von der Arenamitte zum Kronleuchter hinauf und weiter (ein wahres Wunder der modernen Technik), noch einmal gönnen.

Der Direktor weiß sich aber gerade den großen Flug nicht zu erklären, läuft in die Garderobe des kleinen Mädchens und findet es dort tatsächlich auf dem Bett, ohne den Stern auf der Stirn, eiskalt, tot, ohne Puder und deswegen noch ein bißchen häßlicher als sonst. Sie hat sich nicht einmal ihr Kostüm für den Auftritt, den Flügel und den Stern aus dem Reisekoffer geholt.
Für sie, für die kleine Tote, hat das letzte Mal ein richtiger Engel aus dem Paradies getanzt.

Enrico Morovich

Der Engel aber weinte

Eines Tages starb eine alte Frau, die sehr böse war. Sie hatte keine einzige gute Tat vollbracht in den langen Jahren ihres Lebens. Da kamen die Engel Gottes, ergriffen sie und warfen sie in den Feuersee. Ihr Schutzengel aber stand da und dachte: »Kann ich mich denn keiner einzigen Tat von ihr erinnern, die Gott gefallen könnte?«
Zuletzt fiel ihm doch noch etwas ein, und er sagte zu Gott: »Die alte Frau hat einmal aus ihrem Gemüsegärtchen ein Zwiebelchen herausgerissen und es einer Bettlerin gegeben.«
Darauf antwortete ihm Gott: »Nimm dieses nämliche Zwiebelchen und halte es ihr hin, so daß sie es ergreifen und du sie aus dem Feuersee herausziehen kannst. Wenn du sie damit aus der Verdammung zu retten vermagst, so möge sie in das Paradies eingehen. Sollte das Zwiebelchen aber reißen, so soll sie bleiben, wo sie ist.«
Da lief der Engel zu der Frau und hielt ihr das Zwiebelchen hin. Er sagte zu ihr: »Faß an; wir wollen sehen, ob ich dich damit herausziehen kann.« Und er begann vorsichtig zu ziehen. Beinahe hätte er sie gerettet! Als jedoch die an-

deren Verworfenen im See bemerkten, daß die Alte herausgezogen wurde, klammerten sich alle an sie, damit man auch sie herausziehe. Weil aber das Weib böse war, stieß sie die anderen mit den Füßen zurück und schrie: »Nur mich allein soll man herausziehen und nicht euch! Es ist mein Zwiebelchen, nicht eures!«
Kaum hatte die böse Frau dies ausgesprochen, riß das kleine Pflänzchen entzwei. Und sie fiel zurück in den Feuersee – für immer. Der Engel aber weinte und ging weg.

Nach Fjodor M. Dostojewskij (1821–1881)

Erscheinung

Weiß sah ich einen Engel vor mir stehn.
Sein Flug, so blendend, hatte Sturmeswehn
Und fernen Meereslärm zur Ruh gebracht.
»Was willst du, Engel, tun in dieser Nacht?«
Rief ich. Und er : »Ich will die Seele dein.«
Mir schien, was bang ich sah, ein Weib zu sein;
Und wehrend streckt' ich meine Arme hin
Und schrie: »Was bleibt mir? Denn du willst ja fliehn.«
Doch Schweigen nur. Der Himmel, schattentief,
Erlosch ... »Nimmst meine Seele du«, ich rief,
»Sag, welchem Orte trägst du sie denn zu?«
Noch immer Schweigen. »Himmelsbote du,
Bist du der Tod, sprich, bist du Leben gar?«
Da, reich von Nacht mein Herz auf einmal war.
Und sich umdunkelnd, schöner doch als Licht,
»Ich bin die Liebe!« jetzt der Engel spricht.
Im Dunkeln sah ich seiner Augen Glanz
Und durch sein Schwingenpaar der Sterne Kranz.

Victor Hugo (1802–1885)

Wenn der Todesengel kommt ...

Einmal mußte Nasruddin Hodscha für eine Weile das Bett hüten, da er ernstlich krank war. Aber sogar trotz seiner Krankheit konnte er noch Witze machen.
Seine Frau war um die Gesundheit ihres Mannes sehr besorgt und konnte ihre Tränen nicht zurückhalten. Als der Hodscha sie weinen sah, sagte er zu ihr:
»Warum weinst du, Liebes? Geh und wasch dein Gesicht, zieh dein bestes Kleid an und lächle!«
»Aber Hodscha«, sagte sie, »das kann ich nicht, wenn du solche Schmerzen hast und soviel leidest.«
»Doch«, erwiderte Hodscha. »Weil ich weiß, daß der Todesengel bald kommen wird. Und wenn er sieht, wie schön du bist, dann wird er vielleicht seine Meinung ändern und dich anstelle von mir mitnehmen!«

Nacherzählt von Reinhard Abeln

Längst verjährt

Der Herzinfarkt kam aus heiterem Himmel. Noch waren die Nachrufe nicht verfaßt, als Herr S. sich anschickte, vor den himmlischen Richter zu treten. In der Hand hielt er einen wenig benutzten Taufschein als Paß für den Himmel.

Der Engel an der großen Grenze hielt ihn an. Er prüfte den Schein und sagte dann achselzuckend: »Der ist längst verjährt!«

Überliefert

An den Engel

I.

Wenn mich alle Liebe läßt,
Engel, halte du mich fest.

Vorersehn und beigesendet,
eh die Mutter mich empfing,
nun der Letzte von mir ging.
Engel, eh dein Amt sich endet,

Worte gib, dich zu beschwören,
Worte, daß dir nichts verbleibt
als den Rufer zu erhören,
den der Strom ins Dunkel treibt.

Bruder Engel, jede Nacht,
eh mich noch Dämonen fingen,
haben, Hüter, deine Schwingen
Morgenröten angefacht.

Hast mich nie allein gelassen,
hast mit Blick und Hand geführt
in Entzückung und Gefahr.

Immer hab ich Dich gespürt,
auch wo Deine Hand zu fassen,
meine Hand zu kraftlos war.
Hast mich brüderlich getragen
quer durch rotes Höllenland,
hast an schroffer Felsenwand
Stufen mir herausgeschlagen,
Strick und Kugeln abgewehrt,
Mauern meinem Gang gespalten,
und wie oft ich dich beschwert,
immer mir die Treu gehalten,
unbedankt und ungegrüßt.
Engel, sei du mein Geleit,
alle Straßen dämmern wüst.
Engel, reiß mich aus der Zeit.

Engel, führ mich, wie es sei,
einmal noch. Dann bist du frei.

Nimm von meiner Brust den Stein.
Laß mich, Engel, nicht allein.

II.

Laß mich, Engel, nicht allein,
wenn die jüngste Kerze lodert,
aufgezehrt und hingemodert
schwankt und schüttert mein Gebein.
Engel, laß mich nicht allein.

Laß mich, Engel, nicht allein,
wenn die letzte Nacht sich rötet.

Daß den Tod das Leben tötet,
präge jeder Ader ein.
Engel, laß mich nicht allein.

Laß mich, Engel, nicht allein,
wenn die bittren Wasser springen,
bis an Kinn und Lippen dringen,
wandle sie in Hochzeitswein.
Engel, laß mich nicht allein.

Laß mich, Engel, nicht allein,
alle Freunde sind im Weiten,
keiner mehr darf mich begleiten.
Du nur, du darfst bei mir sein.
Engel, laß mich nicht allein.

Laß mich, Engel, nicht allein.
Führ aus Leib und Sterbehemde
in das ungeheure Fremde,
in den Ursprung mich hinein.
Engel, laß mich nicht allein.

Werner Bergengruen (1892–1964)

Im Namen der Fürstentümer und Mächte

Fahre hin, christliche Seele, aus dieser Welt, im Namen Gottes, des allmächtigen Vaters, der dich geschaffen hat; im Namen Jesu Christi, des Sohnes des lebendigen Gottes, der für dich gelitten hat; im Namen des Heiligen Geistes, der über dich ausgegossen worden ist; im Namen der glorreichen und heiligen Jungfrau und Gottesgebärerin Maria und ihres erlauchten Bräutigams, des heiligen Josef; im Namen der Engel und Erzengel; im Namen der Throne und Herrschaften; im Namen der Fürstentümer und Mächte … – Kommet zu Hilfe, ihr Heiligen Gottes, eilet entgegen, ihr Engel des Herrn. Nehmt auf seine Seele und tragt sie vor das Antlitz des Allerhöchsten. Christus nehme dich auf, der dich berufen, und in das Himmelreich sollen Engel dich geleiten!

Aus den Sterbegebeten der Kirche

Eilt ihm (ihr) entgegen, ihr Engel

Kommt herzu, ihr Heiligen Gottes, eilt ihm (ihr) entgegen, ihr Engel des Herrn! Nehmt auf seine (ihre) Seele und führt sie vor das Anlitz des Allerhöchsten! Christus nehme dich auf, der dich berufen hat, und in das Himmelreich sollen Engel dich geleiten.

Aus der Totenliturgie

Das Ende der Welt und die Engel

So wird es auch am Ende der Welt sein: Die Engel werden kommen und die Bösen von den Gerechten trennen und in den Ofen werfen, in dem das Feuer brennt. Dort werden sie heulen und mit den Zähnen knirschen.

Matthäusevangelium 13,49–50

Der Menschensohn wird mit seinen Engeln in der Hoheit seines Vaters kommen und jedem Menschen vergelten, wie es seine Taten verdienen.

Matthäusevangelium 16,27

Dann wird er sich auch an die auf der linken Seite wenden und zu ihnen sagen: Weg von mir, ihr Verfluchten, in das ewige Feuer, das für den Teufel und seine Engel bestimmt ist.

Matthäusevangelium 25,41

Die aber, die Gott für würdig hält, an jener Welt und an der Auferstehung von den Toten teilzuhaben, werden dann nicht mehr heiraten. Sie können auch nicht mehr sterben, weil sie den Engeln gleich und durch die Auferstehung Söhne Gottes geworden sind.

Lukasevangelium 20,36

Ausklang:
Lob den Engeln

Ich glaube,
daß den Engeln eine hohe Wichtigkeit zukommt,
und zwar eine höhere, als manche Menschen,
selbst unter den frömmsten, es annehmen.

Werner Bergengruen

Preis euch, heilige Engel

Preis euch, heilige Engel,
Hüter der Völker,
deren Gebilde in eurem Antlitz
sich spiegelt;
Erzengel,
die ihr die Seelen der Heiligen
traget empor,
euch, Kräfte und Mächte
und Fürstentümer,
Herrschaften, Throne,
die zum Geheimnis der Fünfzahl
ihr schließt den heiligen Ring;
und euch Serafim,
die Siegel ihr seid
der Geheimnisse Gottes;
leuchtende Kerubim,
flammende Serafim,
Lobpreis sei euch!

Hildegard von Bingen (1098–1179)

Ihr Boten des Höchsten

Friede mit euch, ihr dienenden Engel,
ihr Boten des Höchsten.
Ihr kommt ja vom König der Könige her,
vom Heiligen, gelobt sei ER.

O kommt, bringt Frieden, ihr Engel
des Friedens,
ihr Boten des Höchsten.
Ihr kommt ja vom König der Könige her,
vom Heiligen, gelobt sei ER.

Segnet mich mit Frieden, ihr Engel
des Friedens,
ihr Boten des Höchsten.
Ihr kommt ja vom König der Könige her,
vom Heiligen, gelobt sei ER.

Jüdische Sabbathymne

Schöner Engel, mein Begleiter

Erhabener Hüter meiner Seele;
du leuchtest im Himmel
wie eine zarte Flamme,
nahe dem göttlichen Thron des Ewigen.
Du kommst zu mir;
du erleuchtest mich mit deinem Licht.
Schöner Engel,
mein Begleiter und Bruder,
mein Freund und Tröster.

Theresia vom Kinde Jesu (1873–1897)

Glanz des Vaters, Kraft und Leben

Glanz des Vaters, Kraft und Leben,
Jesus Christus, Gottes Sohn!
Dir, umschwebt von Engelscharen,
herrschend auf des Vaters Thron,
singen wir in Wechselchören,
preisen dich im Jubelton.

Allen Himmelschören bringen
Ehr und Lobgesang wir dar;
doch vor allen Preis dem Führer

in dem Heer, so licht und klar,
Michael, der einst den Drachen
hat zermalmt und seine Schar.

Allen Himmelschören bringen
Ehr und Lobgesang wir dar;
doch vor allen Preis dem Boten,
der des Heils Verkünder war,
Gabriel, der hohe Wunder
macht' der Jungfrau offenbar.

Allen Himmelschören bringen
Ehr und Lobgesang wir dar;
doch dem treuen Arzt vor allen,
dem Begleiter in Gefahr,
Raphael, der einst den Drachen
schlug in Fesseln wunderbar.

Laß uns, Christus, milder Herrscher,
ihrer Hut empfohlen sein;
scheuche fort des Feindes Tücke,
Leib und Seel' erhalte rein,
bis wir mit der Engel Scharen
ew'gen Lebens uns erfreu'n.

Altes Kirchenlied

Laßt uns die Engel preisen

Gott, aller Schöpfung heilger Herr,
zu deines Reiches Glanz und Ehr
hast du der Engel Schar bestellt,
für hohe Dienste sie erwählt.

Sie stehen weit um deinen Thron;
du bist ihr Leben, ihre Kron.
Gewaltig ruft ihr strahlend Heer:
Wer ist wie Gott – wer ist wie er?

Stets schauen sie dein Angesicht
und freuen sich in deinem Licht.
Dein Anblick macht sie stark und rein;
dein heilger Odem hüllt sie ein.

Mit Weisheit sind sie angetan;
sie brennen, leuchten, beten an.
Ein großes Lob ertönt im Chor:
ihr »Heilig, Heilig« steigt empor.

Du sendest sie als Boten aus:
dein Wort geht in die Welt hinaus.
Groß ist in ihnen deine Kraft;
dein Arm sind sie, der Wunder schafft.

Sie kämpfen wider Stolz und List,
sie weisen, wo kein Ausweg ist,
sie retten aus Gefahr und Not,
was schwach ist und vom Feind bedroht.

Allzeit laß Engel um uns sein;
durch sie geleite groß und klein,
bis wir mit ihnen dort im Licht
einst stehn vor deinem Angesicht.

Gotteslob 605 (Text: Ernst Hofmann, 1971)

Weiterführende Literatur

Balling, Adalbert Ludwig: Aus ihren Flügeln rauschen Liebesworte. Vom Geheimnis und der Botschaft der Engel – Boten der göttlichen Liebe. Missionsverlag Mariannhill, Würzburg/Reimlingen, 2. Aufl., 1997.

Domay, Erhard: Dein heiliger Engel sei mit mir. Gedanken und Bilder von den Wegen Gottes in unserer Welt. Verlag Ernst Kaufmann, Lahr 1991.

Fröhlich, Anne Marie (Hg.): Engel. Texte aus der Weltliteratur. Manesse Verlag, Zürich 1991.

Grün, Anselm: 50 Engel hat das Jahr. Ein Inspirationsbuch. Verlag Herder, Freiburg i. Br., 9. Aufl., 1999.

Gyger, Pia: Mensch, verbinde Erde und Himmel. Rex Verlag, Luzern 1993.

Hark, Helmut: Mit den Engeln gehen. Kösel Verlag, München 1993.

Held, Heinz-Georg: Engel. Geschichte eines Bildmotivs. DuMont Buchverlag, Köln 1995.

Jasch, Susanne (Hg.): Engel gibt es überall. Die biblischen Engelsgeschichten. Deutsche Bibelgesellschaft, Stuttgart 1995.

Karlinger, Felix: Wundersame Geschichten von Engeln. Insel Verlag, Frankfurt 1989.

Krauss, Heinrich: Die Engel. Überlieferung, Gestalt, Deutung. C. H. Beck Verlag, München 2000.

Kuhn, Johannes (Hg.): Der Engel leuchtende Spuren. Ein Lesebuch für stille Stunden. Quell Verlag, Stuttgart 1991.

Lehmkuhl, Sabine (Hg.): Das große Ravensburger Buch der Engel. Ravensburger Buchverlag Otto Maier, Ravensburg 2000.

Lettmann, Reinhard: Der fünfte Engel. Verlag Butzon & Bercker, Kevelaer 1993.

Meier, Siegfried: Weiße Kleider – goldene Flügel? Brockhaus Verlag, Wuppertal/Zürich 1991.

Neues Gespür für Engel. Heft 109 von »Bibel heute« (28. Jg.); Zeitschrift des Katholischen Bibelwerks, Stuttgart, 1. Quartal 1992 (lieferbar).

Steinwede, Dietrich (Hg.): Engel, die von Weihnachten erzählen. Geschichten und Gedichte. GTB 1506, Gütersloher Verlagshaus Gerd Mohn, Gütersloh 1992.

Steinwede, Dietrich (Hg.): Er sendet seinen Engel vor dir her. Geschichten und Bilder von den Boten Gottes. Patmos Verlag, Düsseldorf 1994.

Vorgrimmler, Herbert: Wiederkehr der Engel. Verlag Butzon & Bercker, Kevelaer 1991.

Weinhold, Gertrud: Engel. Himmlische Boten. Biblisch-spirituelle Sicht – Bildzeugnisse der Völker. Verlagsanstalt »Bayerland«, Dachau 1989.

Quellenverzeichnis

Alle Texte ohne einen Verfassernamen oder Herkunftsnachweis sowie die biblischen Nacherzählungen stammen vom Herausgeber Reinhard Abeln.

Ausländer, Rose: *Der Engel in dir.* Aus: dies., Ich höre das Herz des Oleanders. Gedichte 1977–1979. © S.Fischer Verlag GmbH, Frankfurt am Main, 1984.

Bergengruen, Werner: *An den Engel.* Aus: ders., Mit tausend Ranken, Zürich 1956 (vergr.). © N. Luise Hackelsberger, Ebenhausen.

Bodelschwingh, Friedrich von. Quelle unbekannt.

Camara, Hélder: *Aber der Engel sagte.* Quelle unbekannt.

Heinemann, Gustav: *Die alte Frau und der Lagerkommandant.* Aus: ders., Weihnachtsansprache 1971. Quelle unbekannt.

Kaléko, Mascha: *An meinen Schutzengel.* Aus: dies., In meinen Träumen läutet es Sturm. Gedichte und Epigramme aus dem Nachlaß. dtv 1294. © 1997 Deutscher Taschenbuch Verlag, München.

Katechismus der katholischen Kirche, R. Oldenbourg Verlag, München/Wien, Benno Verlag, Leipzig, Paulusverlag, Freiburg/Schweiz, Veritas, Linz 1992, Textziffer 328–332; 336.

König, Hermine: *Weißt du.* Aus: dies. (Hg.), Das große Jahresbuch für Kinder. Kösel-Verlag, München 1994, S. 288.

Krenzer, Rolf: *Wie sehen Engel aus?* Aus: Rolf Krenzer, Adventskalender »Der Adventsbaum«. © Verlag Ernst Kaufmann, Lahr.

Krenzer, Rolf: *Hände wie deine.* © Rolf Krenzer, Dillenburg.

Krüss, James: *Jeder wünscht sich jeden Morgen.* Aus: ders., Der fliegende Teppich. Verlag Friedrich Oetinger, Hamburg 1976.

Leonhard, Theodor: *So war das mit den Engeln.* Aus: Heidi Kaiser (Hg.), Erzählbuch zur Weihnachtszeit. Für Gemeinde, Schule und Familie. Verlag Ernst Kaufmann, Lahr / Christophorus-Verlag, Freiburg 1986.

Maas, Winfried: *Jemand nahm mich bei der Hand.* Aus: Der Stern Nr. 48/1989, Himmelherrgottsakra? Engel, gibt's die? (Umfrage). © »Picture Press«, Stern Syndication, Hamburg.

Marti, Kurt: *Füreinander Engel sein.* Aus: ders., Worte zur Weihnacht – heute gesagt, Gütersloher Verlagshaus Gerd Mohn, Gütersloh 1970. © beim Autor.

Morovich, Enrico: *Der Engel.* © Sellerio Editore di Elvira Giorgianni, Palermo. Niedieck Linder AG, Zürich.

Nigg, Walter. Aus: Walter Nigg/Karl Gröning: *Bleibt, ihr Engel, bleibt bei mir …* © Propyläen Verlag Berlin 4/1981.

Pavlát, Leo: *Vom Ende der Welt.* Aus: Jüdische Märchen, ins Deutsche übertragen von H. Weisová-Tomanová, © Aventium Verlag, Prag.

Reiser, Werner, *Vom Engel, der am Weihnachtsabend weinte.* Aus: ders., Der Geburtstag von Adam und Eva, Neue Legenden und Parabeln (vergr.). © beim Autor.

Rilke, Rainer Maria: *Argwohn Josephs.* Aus: ders., Sämtliche Werke, Insel Verlag, Frankfurt/M. 1961.

Roth, Hilde. *Engel?* Aus: Hans-Joachim Gelberg (Hg.), Was für ein Glück. © 1993 Beltz Verlag, Weinheim und Basel. Programm Beltz & Gelberg, Weinheim.

Schindler, Regine; Herrmann, Reinhard: *Nacherzählung von 1 Mose 18,1–16.* Aus: Engel sind nahe. © Verlag Ernst Kaufmann, Lahr.

Schupp, Renate: *Der Engel mit dem Gipsarm.* Aus: R. Deßecker/R. Schupp (Hg.), Bald nun ist Weihnachtszeit. © Verlag Ernst Kaufmann, Lahr.

Schweitzer, Albert: *Der Himmel.* Quelle unbekannt.

Sindermann, Anna: *Welche Farbe haben eigentlich Engel?* Aus: Eugen Ernst, Weihnachten im Wandel der Zeiten. Konrad Theiss Verlag, Stuttgart 1998, S. 201.

Timmermans, Felix: *Die Verkündigung.* Aus: ders., Das Jesuskind in Flandern. © Insel Verlag Frankfurt am Main 1986.

Wiemer, Rudolf: *Es müssen nicht Männer mit Flügeln sein.* Aus: ders., Es müssen nicht Männer mit Flügeln sein. Geschichten und Gedichte zur Weihnachtszeit. 1986. © Quell / Gütersloher Verlagshaus, Gütersloh.

Wiemer, Rudolf, *Der Engel bei Bolt an der Ecke.* © Gütersloher Verlagshaus, Gütersloh.

Willms, Wilhelm, *welcher engel.* Aus: ders., der geerdete himmel, wiederbelebungsversuche. © Verlag Butzon & Bercker, Kevelaer 1986. 4.5. (gekürzt).

Zweig, Stefan: *Ein Mensch, den man nicht vergißt.* Aus: ders., Brennendes Geheimnis. Erzählungen. © S. Fischer Verlag, Frankfurt am Main 1987.